U0650136

汇智书源 编著

明智家长们必懂的

500个

孩子心理学常识

3~8岁

中国铁道出版社有限公司
CHINA RAILWAY PUBLISHING HOUSE CO., LTD.

内 容 简 介

天下所有的父母都希望自己的孩子能够健康快乐地成长，但这与父母的教育方式有很大的关系。本书从孩子的各个方面出发，结合孩子成长中遇到的典型问题，对孩子的心理问题进行深入剖析，并提出一系列切实可行的教育建议。

想要改变孩子的行为，首先要了解孩子的心。要想孩子拥有完美的性格，家长就必须学点儿童心理学，对孩子多加引导，帮助孩子发挥性格优势，弥补性格缺陷。

本书具有很强的知识性、趣味性和实用性，对家长们了解和解决孩子的心理问题有很好的指导作用。

图书在版编目（ＣＩＰ）数据

明智家长们必懂的 500 个孩子心理学常识：3~8 岁/
汇智书源编著.—北京：中国铁道出版社,2019.4
ISBN 978-7-113-25370-7

Ⅰ.①明… Ⅱ.①汇… Ⅲ.①家庭教育-教育心理学-
通俗读物 Ⅳ.①G781-49

中国版本图书馆 CIP 数据核字（2018）第 299063 号

书　　名：**明智家长们必懂的 500 个孩子心理学常识（3~8 岁）**
作　　者：汇智书源 编著

策　　划：巨　凤	读者热线电话：010-63560056
责任编辑：苏　茜	
助理编辑：邹一丹	
责任印制：赵星辰	封面设计：MXK DESIGN STUDIO

出版发行：中国铁道出版社有限公司（100054，北京市西城区右安门西街 8 号）
印　　刷：三河市兴博印务有限公司
版　　次：2019 年 4 月第 1 版　2019 年 4 月第 1 次印刷
开　　本：700 mm×1 000 mm　1/16　印张：15.75　字数：290 千
书　　号：ISBN 978-7-113-25370-7
定　　价：49.00 元

前言 | FOREWORD

在我们的认知中，每个孩子生来都是纯洁而美丽的，他们拥有甜美的笑容、稚嫩的嗓音、活泼的身影……然而，随着孩子一天天地长大，一切都变了，孩子变得越来越"不可理喻"，变得越来越难"对付"。尽管父母一直在孩子身边，陪着孩子成长，但真正能够读懂孩子的却寥寥无几。

为何父母很难读懂孩子？他们的小脑袋瓜里究竟在想什么？

其实，不是孩子不懂父母的苦口婆心，而是因为父母不懂他们的心理需要。孩子心理上的对峙就表现为行动上的抗拒，即便是你软硬兼施，如果不能进入他们的内心世界，就永远得不到他们的真正认同，再好的理念、想法也没有用，花再多的钱、说再多的话也是白费。

解决的办法只有一个，那就是走进孩子的内心。

你必须了解孩子那些看起来奇怪的心理，才能够从根本上打开那扇沟通的门，让孩子接受你的教育改造。其实，我们都应该明白这样一个道理：教育实际上就是一门"动心"的艺术，如果不能把工作做到孩子的心坎上，教育效果只会显得苍白无力。

在孩子们正常成长的过程中，总会出现这样或那样的问题，有些孩子调皮过了头；有些孩子成了小霸王；有些孩子出现怪异行为……这都是孩子的心理出现了问题，而且有些常见的心理疾病对孩子的伤害也远远超过我们的预测。

因此，父母应该知晓一些常见的儿童心理疾病的成因、伤害程度等。这样才能做到有的放矢，真正地了解孩子的内心，以及孩子心理出现问题的原因。只有找到原因，我们才能更好地帮助孩子解决问题，健康成长。

《明智家长们必懂的 500 个孩子心理学常识（3~8 岁）》通过对孩子常见的言行进行深入剖析，详细分析了孩子这些行为背后深层次的、心理上的原因，并提出具体的解决方案，指导父母正确对待孩子的不良行为，并引导孩子去纠正。

全书分为三篇，首先带家长入门，对孩子心理进行简单了解，然后帮助父母进行实战以及经验指导。在体例上设置了三大版块。第一个版块为案例部分，引出孩子的不良行为，具有引导情境的作用；第二个版块为解读心理行为，从心理学的角度来分析孩子某种行为背后的心理原因；第三个版块为儿童心理专家经验指导，涵盖心理专家提供的许多宝贵建议。

　　本书介绍了大量儿童心理学的理论知识，寓深刻于浅显，让所有的父母都能够一看就懂，一学就会。另外，书中精选了大量真实的生活案例，以给父母提供更具体的参考。汇聚种种，本书旨在让所有的父母更加了解自己的孩子，更轻松地培养出优秀的孩子，使亲子关系更融洽，让读者的家庭生活更美满。

　　为了给读者更多元化的阅读体验，本书添加了二维码以供读者阅读更多内容，使读者充分利用碎片化时间吸收知识。

　　最后，祝愿所有的父母和孩子能在这本书中，找到幸福和快乐！

编　者
2018 年 8 月

目录 CONTENTS

入门篇

第四章　孩子有怪行——孩子异常行为背后的心理密码

第五章　正确解读信号——小嘴里有大乾坤

第六章　"雕刻"孩子有技巧——善用心理学法则培养孩子

实战篇

第七章 孩子"胆小"怎么办——心理学教父母处理畏缩心理

第八章 孩子易怒怎么办——心理学教父母处理暴力心理

经验指导篇

第十八章 明星也是人——教育专家讲讲明星父母育儿那些事儿

用手机扫描二维码或通过下面网址，阅读以下精彩内容

http://upload.m.crphdm.com/2019/0311/1552275964687.pdf

拓展阅读

入门篇

在孩子的成长过程中总会出现这样或那样的问题，而作为家长的我们有时真的不知如何应对。本篇将详细介绍一些非常实用的儿童心理学常识，让你很容易就能发现自己的孩子所存在的问题，迅速找到心理学的依据，并获得恰当且行之有效的解决方案，帮你迈出走进孩子内心世界的第一步。

养孩子就像养花，每一种花都有它与众不同的特性，孩子的性格也不尽相同。有时父母总是不满意自己的孩子，不明白孩子到底是怎么想的，亲子教育遇到了麻烦。很多家长喜欢称这种问题为代沟，其实这是很不负责任的说法。究其原因，还是父母不了解孩子的心，父母看到的往往是孩子的"问题"。如果父母能够了解一点儿童心理学，孩子的教育问题将迎刃而解。因此，家长们爱孩子先要从了解孩子做起。

第一章

做最明智的家长
——爱孩子先要了解孩子

一、确定孩子的性格类型：因材施教

　　张韵的女儿脾气非常执拗，大人哄着才会稍微听点话。而且，随着年龄的增长，孩子的脾气越来越大，经常和父母顶嘴。张韵的脾气也很大，如果女儿生气发脾气了，气急的张韵还会关孩子禁闭，不许吃饭甚至打孩子屁股。不过，这些方法收效甚微，孩子依旧是我行我素，照样和父母顶嘴、发脾气、摔东西。

　　其实，张韵的女儿是典型的胆汁质，这种类型的孩子随着年龄的增加，自我意识会迅速觉醒。生活中，如果父母对他们的要求违背了他们的"天性"，他们就会奋起反抗，最终形成与父母对峙的局面。

孩子行为心理解读

　　现在父母并不能深刻理解因材施教。他们希望孩子能够出人头地，在今后的激烈竞争中取胜，但很多时候会如上例中的张韵一样，见效甚微。主要原因还是家长没有注重孩子的自然天性，不了解孩子的个性特点，没能对孩子因材施教。

　　古希腊医生希波克拉底提出"四体液学说"，认为气质取决于人体内的四种液体，即血液、黏液、黄胆汁、黑胆汁的混合比例，并以何种体液占优势而把人的气质分为多血质、黏液质、胆汁质、抑郁质。有些父母认为多血质、胆汁质的孩子将来成就大，而抑郁质、黏液质的孩子日后成就有限。其实，这种看法是片面的。更值得警惕的是，如果父母存在这种先入为主的观念，对孩子的发展是极为不利的。

　　每一种性格类型既有积极方面，也有消极方面。胆汁质的孩子热情好动，但显得冲动，缺少耐心；多血质的孩子活泼亲切，但可能轻率、肤浅；黏液质的孩子恬静稳重，但可能略显迟钝；抑郁质的孩子感情深刻，但可能内向孤僻。因此，每一种性格类型都有不稳定性，孩子最终会向积极的还是消极的方面发展，取决于父母在日常生活中是否施加正确的影响。

在孩子的教育上，父母一定要因材施教，切忌照搬他人的成功模式。家长要根据自己孩子的特点给孩子制订合适的目标，提出合理的要求。别的孩子可能在某方面天赋比较好，不需要父母怎么费心就能出成绩，而自己的孩子这方面能力比较差，就需要父母采取适合孩子自身特点的教育方法。

儿童心理专家支招

每个孩子都有其独特的性格特征，父母要根据孩子的性格类型来因材施教。当然，这并不是让家长去改变孩子的天性，而是让父母根据孩子的特点来选择教育方法，帮助父母在接受、理解和尊重孩子的基础上，避免走不必要的弯路。父母在了解孩子的性格特征后，要引导孩子扬长避短，为孩子营造一个有利于成长的生活环境。

1．胆汁质孩子

胆汁质的孩子在许多方面都表现很出色，但自控能力差，因此家长要着重培养他们的自控能力。对于这种孩子来说，过分的约束还会引起他们的抵触心理。因此，家长在教育孩子时要讲究技巧，要"指导"，不要"命令"，这样孩子更容易接受父母的建议，最大限度地发展孩子的潜力。

2．多血质孩子

多血质的孩子优缺点都比较明显，对于这类孩子的教育，父母要扬长避短，除了要发挥他们的机智灵活、善于交际等优势外，还要培养他们的耐心和毅力，以及做事有始有终的习惯。当然，这些习惯的培养并不是一蹴而就的，而是一个循序渐进的过程。

3.黏液质孩子

黏液质的孩子冷静、稳重、抑制力强。他们各方面发展比较均衡，但与外界互动性不足、反应淡漠。因此，教育他们时要点燃其激情，引起他们的注意。另外，父母要不断培养他们敏捷、果断、雷厉风行的作风，避免养成拖拉懒散的习惯。

4.抑郁质孩子

抑郁质的孩子外表文静、腼腆，内心却特别敏感好胜，属于内向型。他们多数带有自卑感。因此，父母批评他们时要特别注意场合、分寸，有时只用眼神和语言就足够了，这样有利于培养和保护他们的自信心。细心、专注是他们的优点，父母应该经常给予表扬鼓励。

二、熟悉孩子的常见心理：有的放矢

小亮 8 岁，上小学三年级。在所有的学科中，他最喜欢计算机这门课，但回到家里爸爸妈妈就禁止他"玩电脑"，不管他怎么说也不同意，总是要求他放学回家必须做作业，复习语文、数学功课。

爸爸妈妈的做法让小亮很是不满，既然爸妈在家不让他做自己想做的事情，他就故意不学习，让成绩一落千丈。虽然小亮知道这样做不对，但他就是想这样做，他甚至喜欢看到父母不舒服、干着急的样子。

孩子行为心理解读

高尔基曾经说："爱护子女，这是母鸡都会做的事情。然而，会教育子女就是一件伟大的国家事业了，它需要才能和广泛的生活知识。"对孩子的教育，家长一定要讲科学。父母只有了解了孩子常见的心理，才能更好地纠正和引导孩子，帮助孩子健康发展。

孩子很可能在某个时期出现一些暂时性的消极心态，比如任性、自私等。如果家长对孩子的消极心理不闻不问，让它们不断积累，对孩子的成长是非常不利的。消极心态会由一种短暂的心理反应演变为一种异常心理。

家长只有了解各种消极心理的产生原因和表现，才能做到有的放矢，纠正和克服孩子身上存在的性格缺陷。孩子的消极心理一般有以下几种。

1. 叛逆心理

叛逆心理就是我们通常所说的逆反心理。是指孩子对父母的思想观念、管教方法、所提要求产生反感，进而产生对父母的反抗心理。通俗地说，也就是与父母唱反调，对着干。

德国著名儿童心理学家夏洛特曾把青春期称为"消极反抗期"，也有人形象地称之为"心理断乳期"。叛逆作为一种心理现象和行为特征，家长应该多角度地深入解读，切勿一刀切，给叛逆心理想当然地打上坏标签。

2. 依赖心理

孩子的依赖心理主要是主观依赖，主观依赖是指自己的价值要依赖他人肯定，没有自信，其表现就是意志较弱，心里需要依赖外界人与物的帮助来证实自己的价值。

孩子产生依赖心理，罪魁祸首是家长，因为他们过度保护和宠爱孩子，才造成了其自主人格的缺失。我国教育家陈鹤琴先生说："凡是孩子自己能做的事，让他自己去做。"家长不要帮孩子把所有的事情都办好，也要给他们自己动手的机会。

3. 自私心理

心理学家认为，孩子刚出生的时候是没有自我意识的，慢慢地，他们才能把自己作为主体，与周围世界的客体区别开。由此可见，孩子的自私心理是后天形成的。自私心理的形成，表面上看是孩子自我意识的无限扩大，但主要原因是出在父母身上。例如，一些父母不讲原则，孩子的需要不论合理不合理，一概满足。久而久之，孩子就养成了以自我为中心的习气，而自私正是"以自我为中心"的产物。其实，父母完全可以在这个阶段培养孩子的利他行为，而不是一味顺着孩子，助长孩子的自私心理。

4．自卑心理

自卑心理不是天生的，从主观上来讲，是在后天由于自我评价不当而逐渐形成的；从客观上来讲，是因为个人的某些缺陷或屡遭失败造成的。家长必须关注自己的孩子有没有自卑心理，一旦发现，应尽早帮助其克服和纠正，以避免随年龄的增长最终形成自卑性格。

5．自闭心理

自闭心理就是自我封闭，自我限制。自闭心理的产生，既有主观原因也有客观原因。主观原因主要是孩子自身的性格弱点，例如，腼腆、内向、不喜欢与人交往，或有严重的社交恐惧症。客观原因包括父母的忽视、家庭氛围的冷漠、亲友不多等。孩子长期得不到正常的社会交往，也会形成自闭心理。

6．任性心理

孩子任性，从心理学的角度来看，是个性偏执、意志薄弱和缺乏自我约束能力的表现。环境是导致儿童产生任性心理的主要原因。一般来说，孩子由于心理发展还不成熟，对许多事情缺乏认识和判断能力，多少都有点任性。但孩子任性心理不是天生的，而是家长不加约束、放纵教育的结果。美国儿童心理学家威廉科克的研究表明，孩子任性也是一种心理需求的表现。

儿童心理专家支招

看到这些消极心理，家长可能会有所担心，其实大可不必。消极心理虽然会对孩子的性格和成长有不利的影响，但也是孩子成长过程中必然要经历的。家长应该以平常心看待孩子的这一问题。

孩子性格的确立是一个复杂而漫长的过程。这些消极的心理并不一定是坏事，因为它对应的就是积极的心理。对于孩子暂时的消极心理，只要方法得当，就能帮助孩子建立积极的心理，为孩子今后的成长打好基础。

三、父母不可不知的"潮湿的水泥期"

文婧三岁多的儿子乐乐常常大发脾气。每当乐乐不愿意去做某件事情时，就会赖在地上，怎么拉也拉不起来。因此，妈妈特别不愿意带他出去。

乐乐发脾气不分场合，不管在哪里，只要不高兴了都会发火。每次乐乐发脾气，文婧用尽了哄劝、呵斥、打骂、教训等各种各样的方法。尽管当时花费力气和时间能把他"安抚"或者"镇压"下去，但之后，乐乐依旧会大发脾气，屡禁不止，这让文婧感到筋疲力尽。

孩子行为心理解读

心理学专家认为，情商在80%的程度上决定了一个人的成功，而情商最重要的组成部分就是情绪管理能力。情绪控制是需要父母们花费很多心思教育的内容，对于那些性子本身就急躁的父母而言，教导孩子管理情绪无疑更加困难。

俗话说"3岁看大，7岁看老"，人的很多性情在很小的时候就初见端倪。3~6岁通常被称为"潮湿的水泥期"，这是孩子性格塑型最重要的阶段，孩子85%~90%的性格、理想和生活方式都是在这个阶段形成的。很多家长都希望自己的孩子是一个快乐、自信、受欢迎的人，但这些并不会因为家长的"希望"就会出现，而是需要家长的关注和培养的。

1. 从经历中获得自信心

孩子的自信心是从经历中获得的。因此，家长要在孩子力所能及的情况下，让孩子自己的事情自己做，这是培养孩子自信心最简单和最有效的方法。最重要的是对于孩子的努力，家长要多鼓励和表扬。

2. 健康的情绪表达方法

人都会有伤心、生气、沮丧和失望的时候，小孩子更是如此。不同的是，情绪管理能力强的人，会用健康的方式表达出情绪，所以家长要及时教育孩子如何接触陌生人，如何与人开始一个对话，如何加入集体，怎样结交新朋友，如何面对嘲笑，游戏中应该遵守哪些规则等。让孩子能够健康地表达自己的情绪，才能有利于孩子的发展。

儿童心理专家支招

对于孩子的所作所为，家长要认真对待。父母的抚育和教育方式，以及社会环境的变化对一个人的性格都会产生一定的影响。因此，在孩子"潮湿的水泥期"，家长要特别注意以下几点。

1. 为孩子营造良好的成长环境

如果父母、老师及身边的人给予孩子正确健全的影响，孩子未来的发展走向就会比较乐观；如果孩子生活的环境给他负面的影响，孩子的发展就需要引起注意了。因此，家长要为孩子建立良好的成长环境，给孩子正面的影响。

2. 引导孩子正确、积极地去处理问题

有些家长总是觉得孩子还小，应当帮孩子解决所有的问题，从而养成了孩子见到问题就躲的坏习惯。其实这种做法对孩子的成长并没有帮助，父母应该引导孩子正确、积极地去处理问题。

3. 鼓励孩子表达自己的心声

父母应该鼓励孩子大胆表达自己的想法，为孩子创造一个宽松的成长环境，这样才有益于孩子的健康成长。假如孩子的想法不正确，父母也应该认真倾听，让他把话说完后再加以纠正、指导。另外，父母还可有意地提出不同的意见与孩子进行讨论。

四、为孩子创造更好的成长空间：适度关注

仙仙 6 岁了，全家人都对她宠爱得不得了。对此仙仙的妈妈也很苦恼，全家人的宠爱使得仙仙很任性，不管是在家里还是幼儿园都很霸道。妈妈最无法忍受的是，仙仙一不高兴就会打妈妈，而且不分场合，有时揪妈妈的耳朵，有时扯妈妈的头发。仙仙的这些行为让妈妈非常尴尬。

其实，仙仙会有这样的行为也是大人们自己造成的。由于全家人太宠爱孩子，导致仙仙一切以自我为中心，根本不会顾及妈妈的感受。

孩子行为心理解读

家长关注孩子，在他们看来是无私奉献。殊不知，在孩子看来却是无形的压力。他们的这种高压会让孩子产生疑虑心理和依赖心理，对孩子的成长是极为不利的。

关于对孩子的关注，心理学上认为：父母对孩子的关注适度就好，过度关注孩子，比如过度宠溺孩子、过于担心孩子等，反而容易给孩子带来压力，造成孩子的心理异变。父母应该把心放宽松些，把视野放开阔些，给孩子一个更好的成长空间。

蒙台梭利曾说："人们面临的最大问题之一，就是他们没有认识到，儿童拥有一种积极的精神生活，尽管儿童当时并没有表现出来，而且他也必须经过相当长的一段时间秘密地去完善这种精神生活。既然儿童是个谜，需要时间秘密地去完善他们自己，空间对他们来说就是必不可少的。"

但中国的父母给孩子的成长空间过于狭窄，他们错误地将成长空间理解为生活空间。而且，中国家长认为这个空间既然是他们为孩子提供的，他们就是主人，可以理所当然地行使完全的权利。因此，他们会在这个空间中尽可能地干涉孩子的一切。

父母对孩子的过度关注，本身就是一种不健康的心理。这种关注会让孩子觉得，家庭不再是自己能感到安全的地方，他们迫不得已会另寻自己感觉安全的空间，孩子的心理也会发生微妙的变化。

儿童心理专家支招

父母对孩子的过度干涉会压缩孩子的成长空间。心理学家指出，父母不适度的爱，会诱发孩子诸多性格缺陷和心理疾病。而父母过度的宠爱，就像催化剂一样，加速了孩子性格缺陷或心理不足的形成。

因此，家长一定要明白过犹不及的道理，在对孩子的教育上要遵循适度的原则。

五、尊重孩子的安全边际：平等原则

杰克逊一家生活在美国加利福尼亚州，在三个孩子很小的时候，杰克逊夫妇就给予了他们很大的自主权。当他们出去玩时，爸爸妈妈只会要求他们回来的时间，其他的都不会过问。当然，孩子也会有选择地向父母汇报自己的一些行踪。

与大多数美国家庭一样，杰克逊夫妇和孩子是朋友关系，有什么事情也会一起讨论。讨论会上，并不只是父母在讲，孩子也可以自由地发表自己的看法。一次，7岁的女儿对杰克逊说，她认识了一个小男孩，她想和他交朋友。杰克逊说："这是个好消息，你是不是准备带他回来，我们开一个 Party 欢迎他，怎么样？"杰克逊根本不担心事情会搞砸，或担心孩子早熟的问题。他们之间不只是父子，更是朋友。

孩子行为心理解读

我们经常可以在美剧和好莱坞的电影中看到美国家庭成员像朋友一样相处，所有的家庭成员都是平等的。而这与中国的家庭相处模式有很大的不同。当中国的父母还在为了孩子的心理健康问题大伤脑筋时，美国的父母正在分享孩子的所有经历。

之所以会有这样的差别，主要还是沟通问题。当沟通顺畅的时候，心理问题就会减至最低，因为良好的沟通是治疗心理疾病最好的药物。就好像心理诊所奉为至宝的原则，让患者倾诉胜过为他开药。心理医生什么也不用做，只是认真地倾听患者的倾诉，就是这样简单，治疗却收到了满意的效果。

在家庭相处之道中，沟通也是很重要的一个环节，而沟通的前提是平等。这种平等的亲子关系说起来容易，但做起来难，尤其对长期受传统教育影响的中国父母而言，难度非常大。

中国的许多父母是愿意和孩子沟通的，而许多孩子也是愿意和大人沟通的。但因为两者的地位不同，所关心的内容不同，沟通有时并不是一件容易的事。有些父母与孩子沟通的时候，总是站在自己的立场上，以教训孩子的姿态出现，这让孩子很难接受。

每个个体生命都有自己的安全边际，这个边界是不容他人随意侵犯的。就像动物世界里的势力范围一样，人类也有自己的势力范围，只是更多地体现在意识形态层面。这种安全边际在成人世界是需要遵循的，成人在与自己的亲朋好友交往时都会谨守原则。但有时成人往往对孩子的安全边际视而不见，他们不知道，孩子在安全边际受到侵犯时也是会反击的。

有数据表明，中国的孩子对父母的满意程度普遍偏低。而这一研究结果和父母的行为是分不开的。在父母的眼中，孩子应该没有秘密，孩子所要求的"自由""权利"都是可笑的。这只会使亲子关系更加紧张，孩子与父母越来越疏远。

父母的这种心理犯了心理学的大忌，他们违背了个体之间应遵循的最原始最重要的原则：平等。只有基于平等上的爱才是对方乐意接受的，如果没有了平等，爱就变成了一种强求，一种强权。所以在亲子关系中，父母也要遵循这样的原则，不能以爱的名义让孩子无条件地遵循自己所决定的一切。换句话说，父母不能以爱的名义忽略孩子的安全边际。

儿童心理专家支招

在孩子的成长过程中，父母应该平等地对待孩子，要放下"家长的身段"，在家庭中营造一种民主的氛围，让孩子拥有一定的"话语权"。只有通过更为融洽的沟通，父母才能了解孩子的真实想法，在向孩子传达爱的同时，给予孩子正确的引导和帮助。

六、爱孩子，更要会爱孩子：细心原则

母亲节那天，幼儿园里的老师让孩子们说说妈妈对自己的疼爱。

孩子们纷纷举手，说"我的妈妈会给我包我最爱吃的饺子"，"我的妈妈会带我去游乐园玩"，"我的妈妈会给我读《白雪公主》"，"我的妈妈每天放学都会来接我"……

在孩子心中，他们记得父母的一切疼爱，哪怕是很微小的一件事。如果能正确地引导孩子，孩子也会很爱自己的父母。

孩子行为心理解读

心理学家分析说：在孩子们的内心中，父母是怎么样爱自己的，他们都记得很清楚。可是孩子们表述出来的只是父母之爱的冰山一角。生活中，父母当然是事无巨细地疼爱孩子，不过这不代表父母的爱就没有任何问题。

父母的爱可以分为物质层面和精神层面两种，精神层面的爱往往不如物质层面的爱受到父母的重视。精神层面的爱涉及情绪和心理，父母往往会忽视。然而，很多时候影响亲子关系的恰恰是这些，孩子觉得父母不能理解自己，不关心自己的情绪。

家庭教育无小事，孩子的言行举止透露孩子的身体状况和心理状况，父母应该随时随地通过这些细小的方面了解孩子的情况，不能想当然地从自身的感觉出发去理解，这就对父母提出了更高的要求。

比如，父母可以通过孩子的睡眠状况了解孩子的身体情况，未病先防，患病时也能给予及时的治疗。当孩子患病时，入睡后可能会出现全身干涩、面红、夜惊等症状。如果孩子时常出现烦躁、闷闷不乐的情绪，除了可能是身体状况出了问题以外，还有可能是孩子的心理出现了某种不适，此时父母应该及时加以疏导，保护孩子的心理健康。

近年来，一些专家和心理医生发现，越来越多的孩子经常出现头疼、失眠、记忆力减退等神经衰弱的情况。一般情况下，神经症几乎只出现在青春期或中青年人群中，但现在在少年儿童中也能经常见到。心理疾病低龄化的趋势应该引起父母的注意。孩子在生活中的许多小毛病都可能会导致心理上出现重大问题。

因此，心理学专家建议父母在照顾孩子的日常生活起居时要非常细心。只要父母细心，这些心理疾病的"马脚"就很容易露出来。父母越细心，越容易及早发现孩子的心理疾病，在孩子言行的细枝末节中洞察孩子的隐秘心理，从而找到真正的问题，并及时做出调整。

儿童心理专家支招

孩子的一些心理疾病在日常生活中的一些小事上就会露出苗头。因此，父母要细心地留意孩子的行为变化，多与孩子交流、沟通，防患于未然。如果父母能够早一分钟发现孩子的问题，并查明原因，及时对孩子进行心理疏导，孩子的问题就会得到更好的解决。

父母常见错误做法（一）

◻ 乱发脾气

有的父母会在情绪不好时对孩子乱发脾气，这会令孩子的性格变得扭曲、行为变得极端。孩子有可能变得反叛、是非不分、缺乏责任感，或是变得自闭、缺乏安全感，也可能同样爱乱发脾气。

◻ 过分专制

有些父母经常以权威口吻规范孩子的举动、限制他的自由、否定他的想法，使孩子长期处于恐慌之中，无法表达自己，只懂唯唯诺诺，并使孩子失去自信，失去尝试新事物的勇气。

生活中，对于孩子的一些言行，父母总是疑惑不解，不明白孩子到底是什么意思。其实，孩子这些外在的言行折射出的是孩子隐秘的内在心理。为了帮助父母更好地了解孩子，心理学家总结出了一些通俗易懂的法则，供父母去对号入座，帮助家长从孩子纷乱的表象行为去读懂孩子的内心世界。当父母通晓这些心理学常识后，亲子教育也会事半功倍。

第二章

从不理解到知道怎么办
——父母不苦恼的心理学常识

一、孩子为什么总是不听话：禁果效应

张涛所在的小区，广场因为整修遗留了一处土堆。小区里的居民每天遛狗的时候总爱去那边，狗就在土堆里大小便，弄得特别脏。所以，每当孩子出去玩的时候，家长们就会叮嘱孩子"不要去土堆那边玩，很脏的"。

但不管妈妈们怎么强调，也不管土堆有多脏，孩子们一有机会还是去土堆那边玩。尽管土堆那边根本没有什么好玩的，但孩子就是喜欢去那边玩。好像妈妈越禁止，孩子就越喜欢，越要去土堆那一探究竟。

孩子行为心理解读

孩子的这种行为就是出于禁果效应心理，是指因被禁止而更想得到某样东西的心理，越是禁止的东西，人们越要得到手。这与人们的好奇心与逆反心理有关。有一句谚语"禁果格外甜"，说的就是这个道理。生活中常见的禁果效应是指，当外界压力迫使人们不去进行某种尝试时，人们往往会因此产生更强的了解欲望，结果反而会反其道而行之。

孩子天生就具有强烈的好奇心，所以禁果效应在孩子身上尤其明显。越是禁止孩子去做什么，他们想要尝试的欲望越强。这时，父母强行禁止不如因势利导，合理的疏导加上正确的引导与强行禁止相比，效果要好得多。

有时候，出于对孩子的关心和爱护，父母会给孩子提出一些具体的要求，例如不能说脏话、不能撒谎、不能做禁忌的事情。但父母越是这样说，孩子的好奇心就越强，就越想尝试一下。其实，这种因好奇而产生的探索欲望对

孩子的成长是有帮助的。但在父母看来，孩子的这种行为就是不听话，他们不愿意甚至难以接受孩子这样做。

孩子之所以做出不听话的行为，是他的自我人格和独立意识在起作用。父母如果不加了解就强行遏止，孩子探索外界和内在世界的行为就会变得消极；但父母如果因势利导，不仅可以帮助孩子强化自己的典型人格，还能使他们更融洽地与外界沟通。

因此，父母在教育孩子的时候需要懂得如何正确、有效地利用孩子的好奇心理，这样才能达到好的教育效果，孩子也能按照父母的期望去学习。

儿童心理专家支招

许多父母碰到孩子不听话就会着急上火，把事情扩大化，这其实是一个错误的反应，父母要纠正自己的偏见。心理学有一种说法称为过激反应，过激反应会让父母不能设身处地从孩子的立场出发思考问题，犯先入为主和以偏概全的错误。

因此，在遇到孩子不听话的时候，父母一定要保持冷静，不要有过激反应。父母要心平气和地对待孩子稀奇古怪的问题和不听话的行为，运用禁果效应为自己服务。

二、孩子为什么不耐烦：超限效应

毛毛上幼儿园了。每天回来后，他就和一群小朋友在小区广场上玩，而且经常忘了回家吃饭。刚开始的时候，妈妈很不高兴，往往去揪毛毛回来。毛毛对妈妈的举动很不耐烦，因为他经常被妈妈揪回去，许多小朋友都不愿意和他一起玩了。后来妈妈再去找毛毛，他就偷偷躲起来，还让小伙伴骗妈妈，说他已经回去了。等妈妈走后，毛毛出来继续和小伙伴一起玩。

对于毛毛的表现，妈妈意识到自己的教育方法出了问题。之后，她不再强求毛毛怎么做，而是通过幼儿园的老师召开家长会。这些家长一致行动，让孩子饭前可以痛快地玩耍，但要求孩子必须在规定时间前回家吃饭。这样，孩子贪玩、不回家吃饭的问题才得到解决。

孩子行为心理解读

毛毛之所以会反感妈妈的举动，对妈妈有不耐烦的情绪，主要是受超限效应的影响。所谓"超限效应"，就是当人体受到过多的刺激时，这种刺激强度很大，持续时间又很长的话，就会引发不耐烦或逆反心理。

超限效应是一种纯粹的心理反应，只要触及了超限点，就会引发超限反应，轻则表现出不耐烦，重则产生逆反心理。孩子的身体机能不成熟，很容易产生这种反应。当孩子不耐烦的时候，即便父母的出发点是好的，孩子也不会接受。

俄国作家克雷洛夫讲过这样一个故事：一天，热情好客的杰米扬精心熬制了一锅鱼汤，请好朋友福卡前来品尝。鱼汤确实很鲜美，福卡也吃得很饱了，可是杰米扬依然一个劲地劝福卡继续吃。可怜的福卡虽然喜欢喝汤，但这样不停地喝汤，跟受罪一样。这次喝鱼汤以后，他再也不来杰米扬家了。

有些父母就像杰米扬一样，孩子本来已经听进去了，但他们还在唠叨。父母不管是批评孩子，还是表扬孩子，都需要把握一个度。批评多了孩子会不耐烦，不易引起警戒和重视；表扬多了孩子会觉得索然无味，也发挥不了激励的作用。

有些父母在批评完孩子后，还觉得意犹未尽，接着对孩子进行又一轮的批评。其实孩子在第一次受到批评时，可能已经接受了父母的正确观点，并下决心进行改正。结果面对父母一轮又一轮的批评，孩子就会产生厌烦情绪，最后极有可能演变成反抗心理，孩子的行为不仅不会改正，还可能会变本加厉。

因此，在亲子教育中父母要恰当地利用超限效应，使父母的正确引导起到"四两拨千斤"的效果。

儿童心理专家支招

对于孩子所犯的错误，家长不要抓着不放，总是不厌其烦地教训孩子，应对孩子"犯一次错，只批评一次"。如果非要再次批评，也不应简单地重复，要换个角度，换个说法。无论父母的出发点多么正确，多么为孩子着想，一旦触犯了超限效应，那么在孩子那里肯定得不到正面的回馈，还会让孩子产生抵触心理。

三、孩子为什么爱说谎：心理畸变

黄莎的儿子三岁了，正在上幼儿园。几天前，黄莎正在上班，忽然接到幼儿园老师的电话，说她的儿子突然肚子疼，特别严重，让她赶快来。

黄莎急忙向单位请了假赶到幼儿园，当她看到满头是汗的儿子时十分心疼，就匆忙打车去医院。但是车开到半路，儿子说肚子不疼了，觉得饿了，要吃汉堡包和薯条。于是黄莎就带着儿子去吃汉堡包，她看着儿子开心吃饭的样子才放下心来。可黄莎又觉得不对劲，她觉得这个小家伙把大家都骗了，他的肚子疼只是不想待在幼儿园的借口。

孩子行为心理解读

孩子爱说谎是一种非常普遍的心理现象，甚至有心理学家认为，孩子先天就具有欺骗和说谎的能力，任何年龄阶段的人，甚至包括刚出生的婴儿，也都拥有一些天生了解他人心理的能力。尽管这个时候他们还不会说话，也能用他们的表情进行小小的欺骗。因此，当孩子掌握语言后，说谎显然是再正常不过了。

因此，对于孩子说谎，父母应该因势利导，在不扼杀孩子想象力的前提下，鼓励孩子说实话，这对于孩子心理的发展是非常重要的。何况，并不是

所有的谎言都应该批评和反对，比如说善意的谎言。很多时候，孩子的谎言是善意的，并不会给他人带来伤害。父母应该做的就是确保孩子的谎言不会伤害自己和他人。

心理学家认为，孩子说谎的原因很多，父母千万不可一概而论。具体有以下几种。

1. 无意识的"说谎"

孩子之所以说谎，还可能是由于记忆的失真或者想象上的错误而说出了与事实不相符合的话。孩子的记忆力不如成人，容易张冠李戴，这种情况在很多时候也被认为是孩子说了谎。

2. 为了引起父母的注意

很多孩子说谎和父母有关。孩子在成长的过程中，发现自己的某些行为会引起父母足够的重视。于是，为了让父母关注自己，孩子就会撒谎说自己哪儿不舒服，来吸引父母注意。有时候父母在日常生活中不经意间的一些行为也会被孩子模仿，最终形成习惯。

蒙台梭利认为，孩子说谎的最主要原因是孩子的心理畸变。他通过对孩子习性的观察发现，在一个陌生的环境中，孩子不能自由地实现他原有的发展计划，就可能导致心理畸变的发生，而且这种畸变在最初阶段总是难以察觉的。心理畸变让孩子自然而然地学会了说谎。

孩子说谎固然不对，但父母也没必要如临大敌。不过，想要让孩子少撒谎，父母还要注意方式方法，要给予孩子足够的关爱，为孩子树立诚实的榜样，强化孩子诚实的行为等。

儿童心理专家支招

面对孩子的谎言，父母首先要冷静下来，认真分析孩子撒谎行为背后的真正原因。只有父母理智地面对孩子的撒谎行为，孩子才会信任父母，才会勇敢地向父母敞开心扉。如果家长对孩子撒谎的行为给予各种形式的强制干预，反而会造成孩子内心的焦虑与恐慌，不利于孩子心理的健康发展。父母应该懂得，有时候适当的"忽视"反而能使孩子的说谎行为自然消退。

四、孩子为什么不专注：过多干涉

梦梦现在做什么事情都不专注，总是容易被其他事物吸引。上幼儿园的梦梦在幼儿园也是坐不住，不是这儿跑跑，就是那儿看看。而且，梦梦的父母和老师经常告诉她，"上课注意力要集中"，但都不管用。

星期天，梦梦的妈妈请了心理学家来家里观察梦梦的表现。结果心理学家说，孩子不专注，主要是妈妈的教育方式不对。

原来，梦梦在地上搭积木时，妈妈一会儿拿杯水过来，叫梦梦喝口水；一会儿又走过来问梦梦累不累，要不要休息一下，不久后又喊着梦梦要开始收拾玩具，准备吃饭……梦梦就这样多次被妈妈的"关心问候"打断了。妈妈的过多干涉，使得梦梦根本不能专注下来做一件事。时间长了，这种行为就成了习惯，要想改掉孩子的坏毛病，家长的教育方式非改不可。

孩子行为心理解读

生活中，很多家长都会抱怨自己的孩子做事情时注意力不够集中，好像做什么都没办法长久坚持，其实父母不能光看事情的表面，而应该试图理解为什么孩子会有这样的表现。

心理学家认为，人的专注力不是"训练"出来的，而是被保护出来的，即在孩子玩或专注于一件事情的时候，不要去打扰孩子，这就是在保护孩子的专注力。时下，"专注力"不但在成人世界中被视为事业成功的关键因素，而且也被认为是孩子需要从小培养的核心能力。

现在的独生子女往往受到父母、祖辈等多人的关注，当孩子专注于某种事物或游戏时，父母或爷爷奶奶常常不自觉地以各种理由去打断他。很多家庭是白天老人带孩子，老人带孩子以吃饱喝足睡好为主，就像养宠物小狗一样，很少与孩子互动，很少与孩子沟通，更不要说和孩子有心与心的交流了。老人在乎的是孩子的身体，而不是心理，所以即便是孩子在玩或在专注一件事情的时候，老人觉得孩子长时间在那玩儿，不喝水、不吃东西，怕孩子饿着，于是，一会儿问孩子要不要喝水，一会儿拿点水果过来喂孩子吃，一会儿又问孩子要不要尿尿，一会儿又……

好的专注力就在这种"无知的爱"中被破坏了，久而久之，孩子便不能长时间认真专注于一件事情，而是一会儿想这样，一会儿想那样，自然会影响孩子将来上小学的注意力。

"情商决定孩子一生的成功，而父母决定孩子一生的情商。"因此，家长们应该学会保护孩子的专注力，不要忽略专注力等情商的重要性。当孩子不够专注时，家长们是不是也该反思一下，是自己给予了孩子太多分心的事，还是营造的环境不够安静。当孩子在玩的时候，家长们要给孩子充分的自由空间，让孩子去探索，不要打扰孩子，久而久之，孩子的专注力自然就被"培养"出来了。

儿童心理专家支招

父母在孩子的教育方面，一定要培养孩子持之以恒的好习惯。而好习惯的养成并不是一朝一夕的事情，通常孩子越小注意力越不容易集中，做事情也就越没有常性。因此，父母应该采取循序渐进的方法，而且只要孩子有了一点点的进步，就要及时给予鼓励。父母的肯定以及惊喜的表情是对孩子最好的鼓励，这会让孩子做事情更有动力。

五、孩子为什么喜欢搞破坏：探索与发现

妈妈送了天天一个会说话的维尼熊。刚开始，天天很喜欢听维尼熊说话，可听了几百遍之后，天天觉得腻了。为了找到新的玩法，天天把维尼熊丢进了水盆。电池沾到水，金属头生锈，维尼熊就不再说话了。

后来，天天所有的玩具都玩腻了，就决定看看家里还有什么其他的好东西。转来转去，天天发现了妈妈的一支口红。他把盖子打开扭了扭，口红便冒出来了，天天试着在地上画了画，跟水彩笔一样，真好玩！等妈妈发现时，墙上、地板上已经都是天天的杰作了。

孩子行为心理解读

妈妈们经常抱怨："我家的孩子简直就是个破坏狂，什么东西到他手里

立刻变成废品，弄得家里都不敢随便放东西。好像孩子根本就不知道珍惜，难道破坏东西让他很高兴吗？真不知道孩子的心里是怎么想的。"其实，对于爱破坏东西的孩子来说，他们的心理很复杂，有很多种类型，父母需要耐心、有心地去发现，不可一棍子打死，更不能轻易地以打骂来应对孩子的破坏。

心理学专家认为，孩子把自己感兴趣的东西拆开，是学习探索的一种表现，他们不是故意去破坏一个东西，而是因为他对这个东西感兴趣，想看看究竟是怎么回事。比如很多男孩喜欢把玩具拆开，去看车子里面到底是什么、车子为什么会动等，他是沉浸在自己喜欢的事物里，并努力通过自己的双手去寻找答案。

对于孩子这样的"破坏"，父母首先要对孩子有宽容的心态，因为破坏的过程就是学习的过程。不要严厉地批评孩子，也千万不要说"不许再把玩具拆了，不然下次就不给你买了"等警告和威胁的话。因为父母的批评和威胁很可能会扼杀孩子可贵的探索精神。

而且，父母应该尽可能地鼓励并且参与进来，因为孩子"破坏"的过程是一个手、眼都在活动的过程，能够促进他们思维的发展。鼓励孩子适当地"破坏"，就是在鼓励孩子的创造力，以及对更多事物的探索兴趣。因此，当父母看见孩子把机器人拆了，应该蹲下来参与到孩子的活动中，试着提问："机器人里面是什么啊，怎么会动呢？"这样引导、帮助他们一起寻找结果，然后跟孩子一起把拆开的玩具恢复原样。这样才能让孩子在"破坏-探究-重建"中获得心理的满足。

父母们在鼓励孩子"破坏"的行为之余，还要有意识地创造条件，引导孩子思考。在生活中，父母可以多提些问题让他们去猜、去想，之后主动带领他们从"破坏"中寻找答案。

儿童心理专家支招

孩子爱"破坏"是成长发育过程中经常出现的现象，原因可能来自孩子动作发展上的需要或是强烈的好奇心和探索欲望，也可能是孩子为了博取注意而导致的类化行为……虽然每个孩子所展现出来的"破坏"状况、程度都不相同，但每一次"破坏"行为的背后一定都有一个"真相"。对孩子因探索欲望而造成的麻烦，父母不应该阻止，而应该耐心引导孩子，告诉孩子什么可碰什么不可碰。

六、孩子为什么喜欢重复：学习的最好方式

冲冲今年满 3 岁了，特别聪明，学什么都很快。可是妈妈最近发现他有个挺古怪的行为，《三只小猪》的故事已经听了很多遍了，但是只要妈妈讲故事，他还会要求讲这个。有时候妈妈有事，刚想敷衍他而丢掉一点情节，结果他马上就发现了，非要妈妈补上不可，甚至要求妈妈从头再讲。见儿子这样，妈妈对冲冲说："儿子，总听一个故事多没意思啊！咱们换一个吧？"但是冲冲特别不乐意，仍然要听《三只小猪》，妈妈讲别的他也不听。

不只是听故事他喜欢重复听一个，看动画片也是如此，给冲冲买的《喜羊羊和灰太狼》的碟片，他看了都有好几十遍了，依然每天都要缠着妈妈给他放，一遍又一遍。

孩子行为心理解读

孩子出现重复看同一部动画片或听同一个故事的现象并不是个别现象，有很多孩子都不同程度地表现出这一特点。许多父母经常抱怨："为什么孩子一直要重复地看某一部动画片，玩某一种游戏？更麻烦的，有时还要我一直念某一本故事书！"在幼儿的重复要求下，爸妈念得是"嚼之无味"，越念越烦，不由自主地嘀咕起孩子怎么这样"固执"或"一成不变"！孩子为什么喜欢重复呢？

孩子喜欢重复，因为那是他们学习的最好方式。孩子"喜爱重复"的行为不是个别现象，而是他们专属的特性。较细心或会替孩子做成长记录的父母应该可以发现：孩子的重复行为总会在持续一段时间后的某天，出现了学习上的跃进。也许是他突然会抓住物体、会唱出哪首歌了，或者不知道什么时候会做某件事情了……

反复听同样的内容能帮助他们记住这些信息，而且记忆时间也会越来

长，12~18 个月的孩子比 2 岁半的孩子更需要通过重复来学习和记忆新东西。所有孩子爱重复的原因都一样，就是会做某件事后觉得特别高兴。比如，一旦他学会拼一种拼图，可能只是为了享受他的新本领而一遍又一遍地去拼。重复是他提醒自己能做什么事的方式，还能再享受一遍完成的乐趣。

心理学家认为，喜欢重复做一件事情是年幼儿童共同的心理特点，对孩子的发展至关重要。因为这个年龄的孩子虽然能够再认知，甚至能觉察和补充故事中遗漏的地方，但自己还不能很好地讲述故事，因此，他喜欢"你讲他想"的方式。年幼儿童的认知能力有限，因此只有在不断重复的过程中才能不断发现新的东西，我们认为"没意思"的重复对孩子来说并不是简单的重复，而是每次都有新的感受和体会。因此，面对喜欢"重复"的孩子，家长一方面应该用新鲜的事物吸引他，另一方面也要适当满足孩子的这种"重复"的需要。

对于孩子的重复，家长应该给出无限的耐心，而且要为孩子的好学感到欣慰。如果他的重复被不耐烦或冷漠、不在意打断，他可能被迫接受大人认识事物的方式，长大后也不会有那么多问题，不会那么具有探索精神。面对孩子的重复，家长也可以尝试让孩子说一次，比如"你已经听过很多遍这个故事啦，不如说一次给妈妈听"，鼓励他展示自己，也可以问问孩子有没有不明白的地方。

儿童心理专家支招

孩子喜欢重复是他们成长期中一个再正常不过的现象，父母没有必要大惊小怪，正确引导好这个过程对孩子的成长非常有利，当然这也考验父母的耐心。孩子的重复是在通过自己的方式理解世界，增加智力。家长对待孩子要多一些耐心，在不厌其烦地满足孩子成长要求的同时，也应因势利导，引导孩子运用不同方式重复，让孩子在"重复"中成长。

父母常见错误做法（二）

◘ 命令过多

"快写作业去！""把电视关掉！"过于频繁的命令容易使孩子"充耳不闻"，当孩子经常对这样的命令无动于衷时，父母就应该考虑一下自己在孩子眼里的形象了。

◘ 过分宠爱

父母事事顺从孩子的要求，替他完成所有事情，孩子什么事情都不必动手，容易变得以自我为中心，任性、依赖、不能忍让，也不懂得自己照顾自己。

孩子在说话的时候往往不会考虑他人的面子和感受，而孩子所说的也是他们内心最真的想法。亲子之间的沟通障碍很大程度上来自倾听缺失，这既折射出当今父母在教育观念上存在误区，也反映了高竞争社会压力下成人面临的心理困境。对于父母来说，经常听听孩子说什么，不仅可以把握孩子的情绪和性格，还能知道孩子的心理状况。父母只有善于倾听，才能及时发现问题、解决问题。

第三章

言为心声
——孩子那样说，父母这样听

一、"我就是要那个！"：警惕孩子的占有欲

3岁的晓晓漂亮又可爱，妈妈的朋友都特别喜欢她，每次聚会都会让妈妈把晓晓带上。大家总是争着抱她，逗她玩，送她小礼物。慢慢地，晓晓的占有欲变得特别强，自己的东西谁都不许动，而且有时候还会抢其他小朋友的东西。

有一次晓晓随父母到舅舅家玩，表弟拿出新买的电动玩具汽车和晓晓一起玩耍，俩人都玩得很开心，特别是晓晓，到了吃饭的时候还玩兴未减。回家时，晓晓非要把弟弟的电动玩具汽车带走，可是弟弟也很喜欢。但是，不让晓晓拿她就不停地哭，最后还是弟弟让步了。

妈妈也曾跟晓晓的爸爸说："晓晓现在长大了，也变得自私了。她现在是到哪里都要这个要那个。"

孩子行为心理解读

孩子在成长过程中会逐渐形成以自我为中心的自我意识。心理学家研究发现，孩子往往要先形成自我意识，然后才能由己及人，从"我"出发，慢慢知道有"你"、有"他"、有别人，这也是符合认识论的。自我意识的奠定直接影响孩子和外界的关系。因此，孩子的独占行为其实是孩子认识自我的必经阶段，与"自私自利"有着明显的本质区别。

因此，当家长遇到孩子独享东西或抢夺他人东西的时候，不要大惊小怪，也不要认为孩子品行有问题。但还有另一种独占行为父母需要注意，那就是孩子特别不允许别的孩子分享自己的父爱和母爱。这种情况常常让父母开怀大笑，觉得孩子需要自己、很爱自己，而忽略了其隐含的心理。出现这样的情况，一般有以下两种原因。

1．自我意识的形成

自我意识在开始阶段总有强烈的排他性，当自我意识确立之后才会有包容性，才会接受他物。这种行为表明，孩子是在建立自己的势力范围。

2．孩子缺乏安全感

孩子之所以会有这样的表现，说明父母对孩子的关爱不够，所以孩子不愿意和别人分享父母的关爱。

虽然专家指出，这种占有欲是正常的心理现象，随着孩子年龄的增长，通过教育，"以我为中心"的意识会逐渐淡薄，这种占有欲也会逐渐地减少或消失。不过，如果受到持续强化，对孩子的性格发展则会有不利影响，会让孩子变得自私冷酷。这也是父母必须重视的，切不可掉以轻心。

家长应该注意到，当孩子的自我意识确立后，再出现争抢行为，就要及时给孩子进行疏导。不要无原则地迁就孩子占有的欲望；可以让孩子经常与小伙伴一起玩，体会分享的快乐；父母要给孩子以适当的满足，不能粗暴地拒绝或者一味地满足他的一切要求。这些都可以有效地抑制孩子的占有欲。

总而言之，孩子的占有欲是伴随着孩子自我意识确立而产生的正常现象。当然，对于那些占有欲特别明显和强烈的孩子，家长要认真分析原因，防止孩子形成极端的自私性格。

儿童心理专家支招

当父母听到孩子说"我就要"之类的话时，应该意识到孩子的自我意识正在确立。这时，父母要给孩子更多的关心。在自我意识的建立过程中，好的、坏的性格都特别容易建立。因此，父母应该尽量帮助孩子挖掘良性因素，形成好的性格。另外，自我意识的确立总是伴随着自私现象，在我们看来也就是占有欲比较强，如果家长不闻不问，很容易让孩子养成自私的性格，所以父母对这种情况的处理要把握好尺度，别让孩子自我过了头。

二、"妈妈，我做了一个有趣的梦！"：孩子渴望沟通

暑假时亮亮一家去青岛旅游，青岛的海滩给亮亮留下了深刻的印象。一天早晨亮亮醒来了，却没有起床。妈妈说："小懒虫，放假虽然不需要上学，可也不能赖床啊。"亮亮说："妈妈，我做了一个有趣的梦！"妈妈坐到亮亮床边，问道："那你梦到什么了？"

亮亮想了想，说："我梦到了大海。"妈妈问："还有别的吗？"亮亮说："梦里我看到好多好多好看又好吃又好玩的东西，有帆船，有螃蟹，我们在沙滩上跑啊跑啊。后来我们就躺在沙滩上看星星……"

那天早晨，亮亮躺在床上，妈妈坐在床边，他们说了好多有关那段在青岛旅游的快乐生活，还有很多学校里发生过的事情。平常亮亮从不跟妈妈说这么多，妈妈这才发现，原来亮亮也有很多事情想要说给自己听。

孩子行为心理解读

心理学家发现，孩子在 8 个月的时候就已经会受到梦境的影响，他们在睡眠中会微笑、会哭泣。其实孩子在妈妈肚子里时就渴望与母亲和外界进行沟通了。他们通过踢母亲的肚皮和母亲展开交流。

但孩子出生之后，慢慢成长，与家长的共同语言也越来越少，亲子之间的交流出现了大问题。这是因为在沟通的过程中，父母一直在扮演"说"的角色，而孩子扮演了"听"的角色。于是，孩子越来越不愿意与父母沟通。刚开始的时候，有些父母以为是孩子的性格导致的，可是慢慢地他们发现，孩子会跟旁人很谈得来，也愿意向对方敞开心扉，畅谈自己的苦恼与喜悦。父母就感到很困惑。

经常有父母说："孩子回家后什么都不跟我讲！我们根本不知道他心里在想什么！"做父母的当然是为孩子好，想要了解孩子的内心世界，但孩子却不愿意与父母沟通，说出自己最真实的想法。

其实我们回想一下，孩子和父母的关系最初并不是这样的。当孩子牙牙学语的时候，为了培养孩子的语言能力，父母可以和孩子进行平等的对话，孩子兴趣盎然。可是，当孩子懂事后，父母的言谈越发无趣，取而代之的是

一些道德说教，"你应该怎样""你不应该怎样"，这些都是孩子不爱听的，所以孩子越来越不愿意和父母聊天了。

亲子沟通不畅的关键在于父母。如果父母能和孩子像朋友一样交谈，和孩子一起高兴或生气，时间久了，孩子就会有和父母沟通的欲望。这样的好处是既培养了孩子的讲话能力，又有利于亲子之间的沟通，并且能不断地加深相互间的感情。

父母在与孩子交谈时，切记不要把自己的观点强硬地灌输给孩子。如果这样，孩子会慢慢地失去与父母谈话的兴趣，从而影响亲子间相互的沟通，最后孩子可能会拒绝再与父母沟通。

儿童心理专家支招

《时间都去哪儿了》引起了很多家长的共鸣，父母们纷纷在内心反省自己没有给孩子多一些的陪伴，让时间都流逝了。要知道孩子的成长只有一次，错过了就不能再重来。只有贴心地陪伴，将孩子视为自己的朋友，才是父母给孩子最好的礼物，而且这不是其他物质所能够取代的。父母要以倾诉换倾诉，才能取得与孩子沟通的理想效果。

三、"不用你们帮，我自己可以!"：培养孩子的自信

小浩刚上一年级时，妈妈给他买了一双运动鞋，是系鞋带的，妈妈对他说："儿子，今后你自己系鞋带吧。"儿子抬起头，为难地说："妈妈，我不会。"妈妈蹲下身子说："我来教你。"示范一遍后，妈妈让他自己系，他试了试，觉得挺难，便说："我系不好，还是你来系吧。"妈妈生气地说："这么大了，还让妈妈给你系鞋带。"儿子也没好气地说："那以后你别给我买系鞋带的鞋子了!"

妈妈见小浩如此生气，想到隔壁的妞妞比小浩还小一岁，但是做什么事总是说"不用你们帮，我自己可以"。这样一对比，妈妈的火更是不打一处来，儿子便免不了受到妈妈的批评指责，但收效甚微。

孩子行为心理解读

现实生活中，我们经常会听到父母这样的疑问：我的孩子为什么这么不自信呢？其实，这是很多父母都有的苦恼。

自信是孩子成才与成功的前提条件，一个缺乏自信的孩子，即使很聪明，反应灵敏，但在学习中稍遇困难和挫折就会自我设置障碍，寻找借口，不让自己做出努力来改变不利的现状。而有自信的孩子不怕困难，积极尝试，奋力进取，会获得更多的知识和经验，也能争取到更好的成绩。

有些时候，父母总习惯用自己的标准来打扮、要求孩子，这也会让孩子的自信削弱。比如，带孩子出门，孩子特别想要穿他（她）喜欢的那双鞋，可是妈妈偏偏说："我们不穿那双鞋，那双鞋不好看。我们穿这双鞋，这双鞋好看。"结果呢，孩子虽然穿上了妈妈指定的那双鞋，自信却在无形中受损了。

当孩子要自己尝试做一件事情的时候，父母总是认为他们是孩子，便会不假思索地反对和拒绝，认为还没到他们自己做这个的时候。其实父母不知道给孩子传达的感觉是：你不行，你做这个事情的能力不够。在父母的影响下，孩子就形成了不自信的反应机制。长此以往，以后碰到任何事情，哪怕是孩子能做到的，孩子也会表现出不自信。这时候父母再想去弥补，去改变孩子，使他重获自信，就是很困难的一件事。

因此，生活中的小事情也不能忽视，否则本来能建立孩子自信的节点，因为父母的不当处理，反而削弱了孩子的自信。因此，在点滴的生活事件中，父母千万别亲手将自己的孩子变得不自信。

没有自信，人生就失败了一半。孩子的自信是其父母决定的。事事包办的父母和适时放手的父母，他们的孩子的自信肯定是截然不同的。而父母对待孩子的态度，可能与父母自信与否也息息相关。因此，在培养孩子自信的同时，父母应该让自己表现得更自信。只有父母自己自信满满，才能培养出自信满满的孩子。

儿童心理专家支招

自信是孩子成长的重要因素，因此，父母应该培养孩子的自信心，让孩子勇敢地前行。父母应该如何做呢？

1．父母需要做的就是扭转自己的观点

孩子的自信是在不断成功的过程中积累和壮大的。虽然失败也会对孩子的自信产生影响，但失败后的成功对孩子自信的建立更为有效。在亲子教育中，当听到孩子自告奋勇要做某件事情的时候，父母一定要学会放手，让孩子去尝试。

2．积极的语言暗示

父母要培养孩子的自信心，可以从赏识孩子的点滴进步做起，多对孩子说"你真棒"，孩子的自信自然水涨船高。同样，当孩子试着做一件事而没有成功时，父母应避免用语言和行动打击他。积极的语言能使人产生积极的情绪，改变消极的心态。

3．让孩子体验成功

让孩子不断地获得成功的体验，会更快地建立孩子的自信。因此，父母应根据孩子的发展特点，让孩子做一些力所能及的事情，千万别让孩子一开始就做难度很高的事情，经历屡战屡败的过程。

四、"妈妈，抱抱！"：拒绝孩子的依赖心理

妈妈的朋友们来家里做客，阔阔可高兴了，跑前跑后的。妈妈说："阔阔特别喜欢家里人多，有人陪他玩他就高兴。"

虽然阔阔和妈妈的朋友们玩得很开心，但不管多高兴，就像定时了一样，每隔十分钟左右，阔阔就会跑到妈妈身边，要妈妈抱他一下，也不管妈妈是在做菜，还是在和朋友聊天。"妈妈，抱抱。"妈妈抱他一下，他才满意地继续去玩。朋友说："阔阔太可爱了。"妈妈无奈地说："可能是他奶奶给宠的，特别黏人。我一天不知道要抱他多少次。"

但阔阔不让妈妈的朋友们抱他。大家看他可爱，都想要抱抱他。但每次阔阔都显得很紧张，别人要抱他，他就喊妈妈。妈妈说："阔阔乖，让叔叔阿姨抱一下。"可阔阔就是不同意。

孩子行为心理解读

阔阔每隔一段时间就要妈妈抱抱他的行为，实际上是出于阔阔对妈妈的依赖心理。现在还有许多父母抱怨说："每次我离开孩子，他都要不停地哭闹。"这种情感上的不舍，其实是孩子依赖心理的开端。

时间久了，孩子就会变得离不开父母，对外界的一切感到不适。有报道说，很多孩子上了初中、高中，甚至大学，生活自理能力都很差，还需要母亲一路陪读。这样的例子被很多父母引以为戒。

不过"冰冻三尺，非一日之寒"，孩子的依赖心理会成为一种习惯，与父母的教育方式有密切的关系。许多父母恨不得所有的事情都替孩子做好，对孩子的一切大包大揽，结果让孩子患了"软骨症"和"依赖心理"，给以后的生活造成了巨大的障碍。拒绝孩子的依赖心理，应成为父母最重要的一堂必修课。

孩子过度依赖父母，不仅对父母的生活造成不便，而且对孩子的成长发展也极为不利。父母拒绝留在孩子身边，其实也是必需的举措，孩子正是在伤心中意识到，自己应该独立，应该自己去应对很多事情。这样，孩子就会战胜依赖心理，主动积极地去发现新天地，去和更多陌生人交往。

相信很多父母都有这样的经历，只要自己对孩子的关爱得当，在保证孩子安全感的同时给予孩子更多的自由空间，孩子就会越来越独立。此时孩子通常会自得其乐，并不需要父母。

孩子在成长的过程中，独立性在不断地加强，不会过多地待在父母身边。但有时父母反而不放心，希望孩子活动在自己的视线内，干涉孩子的尝试，让孩子被动地依赖他们。慢慢地，他们只习惯与父母相处，怕见陌生人，就会对父母形成很强的依赖心理。

儿童心理专家支招

要改变孩子的依赖心理，父母就应该致力于培养孩子的独立能力。父母要引导孩子独立做力所能及的事情，不应该在孩子遇到困难要求帮助的时候就立刻代劳，而是要给孩子适当的鼓励，比如说"妈妈相信你能做好""这点小事难不倒我们家的男子汉"等，让孩子受到刺激和鼓励，积极地去独立完成。

如果孩子想自己尝试，父母没必要总是事无巨细地关心。放手让孩子去做，就是给孩子一个机会，让他在自己动手尝试中获得经验教训，以便将来更好地解决问题。这种经验对孩子来说可能是成功的，也可能是失败的，但不管是成功还是失败，它们都会在孩子今后的生活中发挥重要的作用。

五、"妈妈，你不要走!"：警惕孩子的分离性焦虑

莺莺 3 岁，聪明漂亮，是个人见人爱的女孩，更是妈妈的掌上明珠。可是，莺莺特别黏妈妈，一分钟也不想与妈妈分开。有时妈妈要出去办事情，将莺莺交给奶奶照看，她就会一直哭闹，并大声地喊着："妈妈，你不要走!"所以妈妈有事要出门时都会偷偷溜出家门，不敢让莺莺看到。

孩子行为心理解读

心理学上有一个名词叫"儿童分离性焦虑症"，是指儿童与其依恋对象分离时产生的过度焦虑情绪。莺莺的行为就是分离性焦虑的表现。分离性焦虑是在学龄前儿童身上比较常见的一种情绪障碍，发生率为3.5%~5.1%，其中分离对象通常是关系密切的抚养人，比如父母等。患有分离性焦虑症的孩子往往同时伴有学校恐惧症，以女孩更为多见。

出现分离性焦虑症的孩子通常温顺、老实、守纪律，但是缺乏自信，对压力异常敏感，不善于用语言及情感宣泄来表达自己内心的焦虑情绪。当他们与亲人分离时，

就会产生明显的焦虑情绪。每个孩子都会出现分离性焦虑症，只是轻重程度有所区别，如果过分严重的话，则会对孩子的身体和心理产生较大的影响。

美国心理学家发现，如果早期的分离性焦虑症比较严重，会降低孩子智力活动的效果，影响孩子将来的创造力及社会适应能力的发展，而这些能力的欠缺又会直接影响孩子自信心的发展，使他们在面对一个新环境时，比别的孩子更容易产生心理恐惧和分离性焦虑。

父母与子女之间的情感是世界上最亲密的情感之一，亲子间的过分依恋往往会导致孩子心理发展严重滞后，甚至导致孩子的心理朝着不健康的方向发展，产生儿童分离性焦虑症。

孩子之所以会对父母过度依恋，主要有以下几种原因。

1. 父母对孩子过分宠爱

有些父母把孩子的事情看得高于一切，只要孩子想要什么就一定满足他，那么孩子就会认定父母是自己最大的依靠，从而在原本对父母的正常依恋之外，又加了一层依赖。

2. 父母或其中一人的"独占"

有些爸爸或妈妈爱子心切，把孩子交给任何人带都不放心，关于孩子的一切事情都"亲力亲为"。这样的"独占"，使得孩子接触不到别人，每天和一个固定的人亲密，孩子当然会产生依恋。

3. 父母的过度保护

父母往往因为害怕孩子发生危险，拼命遏制孩子爱动的天性，孩子独立行动的渴望根本得不到满足，更不用说主动探索世界了。长此以往，孩子的心理发展与同龄孩子相比就缓慢了很多，对父母的依恋有增无减。

儿童心理专家支招

孩子依恋父母是天生的，但父母要明白，随着孩子的长大，这种依恋关系是要慢慢淡化的，孩子不应依附于自己，而应有自己独特的个性和生活内容，否则孩子就不能成为一个单独的个体，也很难有独立的一天。

因此，父母对孩子的爱要保持在适度范围之内，同时要以正确的方式爱孩子，不能过于宠爱，否则这种爱对孩子来说就会成为心理健康的隐患。父母要尽量给孩子一个开阔的空间，不要把他们禁锢在自己的保护膜中，在没有危险的前提下，让孩子有独立探索的自由。

六、"妈妈，你太霸道了"：请给孩子解释的机会

一凡答应妈妈完成作业后才可以玩游戏。有一天，一凡的舅舅来了，让一凡帮他找一个课件，一凡便打开电脑在网上找课件。

这时，妈妈下班回家了，她看到一凡坐在电脑桌前，不由分说地吼道："你怎么又在玩电脑，你不是答应我先做完作业再玩吗？"一凡连忙解释说是给舅舅找课件。妈妈一听就更来气了，嘲讽地说："你自己的错误就摆在这里，还让我说什么？"一凡委屈极了，边哭边说："妈妈，你太霸道了！你为什么总把我想得那么坏？"

孩子行为心理解读

生活中经常会有这样的情况发生：孩子犯了一个小错，父母仅凭自己了解的情况就对孩子的行为做出评价和责备，当孩子申辩和解释的时候，父母就更生气，心想："你犯了错还狡辩？"于是大声斥责孩子。你能想象孩子这个时候该有多么委屈吗？即使事后父母因为冤枉了孩子而向他道歉，但对孩子已经造成了伤害。

一所教育咨询机构曾经对 2 000 名在校学生做了一次问卷调查，调查结果显示"住口"两个字，是孩子们最不愿意听到父母说的话之一。

可见，不给孩子解释的机会对孩子的伤害有多么严重。经常被训斥"住口""你不用解释"的孩子，渐渐会放弃为自己辩解的权利。他们背负着很多的委屈，一个人默默承受，而这样的负担可能会造成严重的心理问题。不给孩子解释的机会，粗暴地指责孩子，不仅会让孩子对父母产生不信任感，甚至会让孩子产生逆反心理，导致父母不喜欢什么，孩子偏要去做什么，跟父母对着干。这样的孩子怎么能积极主动地学习呢？

因此，多听听孩子的解释，让孩子有辩解和申诉的机会，不仅仅是父母赏识孩子的体现，更是孩子应得的基本权利，也是保证孩子身心健康必不可少的一个环节。当父母认为孩子做错了事情时，不要急于做出判断和下结论，而要首先倾听孩子的解释。你可以说："孩子，先说说当时的情况吧。"赏识孩子，任何时候都要给孩子一个解释的机会。

绝大多数年轻父母对孩子在生活上十分关爱，可真正将孩子作为有人格尊严的人看待的父母并不多。孩子在学习和生活上有什么问题，向父母诉说时，父母稍不如意就会打断孩子的话，轻则斥责，重则打骂，孩子只能将话咽回去。父母不让孩子把话说完，不给孩子解释的机会，一方面不利于孩子表达能力的提高，另一方面容易使孩子产生自卑情绪。

孩子对着父母诉说内心的感受，是提高表达能力、增强社会交往能力的极好机会。将孩子的这一机会剥夺，孩子的表达能力得不到提高，在社会交往中就会表达困难，进而产生自卑情绪。而一个缺乏自信的人，很难谈得上心理健康，更难成为一个成功的人。

孩子是一块没有被污染过的璞玉，他们是否成器，关键要看父母如何去雕琢。他们虽然年纪小，但也有独立的人格尊严，也有认知世界的独特视角，更有表达自己内心感受的自由。

父母应该耐心地让孩子把话说完，孩子说得有理，应该赞赏；孩子说得不合理，可以进一步交换意见，直至解开孩子心中的疙瘩为止。只有这样才能建立健康、和谐的亲子关系。如果父母一味地将自己的喜怒哀乐强加给孩子，剥夺了他们将话说完的权利，再有思想的孩子也会被抹杀得日渐平庸。

儿童心理专家支招

父母与孩子相处要学会尊重孩子，凡事给孩子一个解释的机会。不要只凭自己看到的状况就武断地批评或者否定孩子的想法和做法，简单粗暴地指责孩子，而应该先了解事情的来龙去脉再下结论，给予孩子必要的帮助和指导。孩子犯错，不给孩子解释的机会，不分青红皂白就批评孩子，甚至惩罚孩子，只会伤了孩子的心，让孩子放弃他原本向善、向上之心，这也会让孩子觉得自己的父母很霸道，不理解自己。

父母常见错误做法（三）

▫ 缺少沟通

有些家长总是想当然地为孩子做打算，把自己的想法强加在孩子的身上。他们忘了与孩子沟通，忘了倾听孩子的意见，以至于让孩子觉得自己不被父母所理解，亲子关系也出现危机。

▫ 不以身作则

父母是孩子的第一任老师，有些父母总是要求孩子不要这样或那样，但父母自己也存在这些问题。这会让孩子内心产生强烈的不满，在孩子的心目中，父母已威信扫地。

随着孩子一天天长大，他们的行为方式会发生很大的变化，有的孩子让人捉摸不透，有的孩子必须要蒙着枕巾才能睡着，还有的孩子对异性有着特别强烈的好奇……父母往往只带着自家孩子非常优秀的自豪感，在他人面前只谈论孩子好的方面，不愿意谈论孩子的不足，而这种心理反过来也会影响父母的选择性过滤，致使父母忽略孩子身上存在的一些危险信号，从而错过最好的纠正时机。父母应该正视孩子的异常行为，因为这些异常行为也许会对孩子的一生产生不良影响。

第四章

孩子有怪行——
孩子异常行为背后的心理密码

一、生人面前不说话：社交恐惧在作祟

丽萨在妈妈的陪同下到心理门诊就诊，在诊室外候诊的她一直低着头，不停地揉捏着衣服角。"医生，丽萨还是很内向，不和别人说话。"丽萨妈妈焦急地跟医生说明情况。据了解，丽萨已经是第二次到心理门诊就诊了，两年多前就诊时，因为过度"害羞"，一说话就脸红，而这一次则是因过度害羞而辍学。

丽萨平时很少与人交流，甚至不敢看外人的眼睛，怕和外人接触，她的"害羞"症状越来越严重，甚至影响到正常的学习和生活。

心理医生告诉丽萨的妈妈，丽萨患了典型的社交恐惧症，早期患病时因为没有引起父母的重视，导致病情加重，才出现现在这种情况。

孩子行为心理解读

社交恐惧症是一种对任何社交或公开场合都感到忧虑或强烈恐惧的精神疾病。导致社交恐惧症的原因有很多，而最主要的原因是患者对自我的认同感不强，在与人交往中，害怕和对方的目光接触，害怕和人交谈，甚至看到人多也会紧张。

患有社交恐惧症的孩子很少告诉父母，然而细心的父母会发现蛛丝马迹，孩子害羞、脸红、怕生等现象就是患病的征兆。症状严重的孩子，在与人交往中会出现惶恐不安、出汗、心跳加快、手足无措等现象。

这都是过于担心自己的内心世界所导致的，尤其是怕"丑陋、肮脏"的一面被他人了解。他们也不能接受自己在公众场合被人关注或谈论，不然会不由自主地出现不自然的表情、动作。

美国心理学家经多年研究发现，许多成年人的拘谨可以追溯到他的儿童时代，与父母的教育有很大的关系，特别是父母不正确的对待方式，往往造成了他以后的心理紧张。如果一个孩子的拘谨在儿时得不到解决，那么他的不合群、不爱与他人交往的个性将会一直延续到成人，甚至会妨碍他今后事业上的成功。

孩子患有社交恐惧症，除了孩子自身的性格成分外，父母负有不可推卸的责任。父母与孩子沟通不够，是孩子患上社交恐惧症的主要原因。一般亲子关系融洽的家庭，孩子都能游刃有余地融入所处的团队中。而亲子沟通出现问题的家庭，孩子一般都更倾向于沉默寡言，不爱置身于集体中，喜欢独处。

患有社交恐惧症会给孩子带来很多不利的影响，比如，孩子会变得木然，失去天真活泼的天性；严重者会变得越来越自闭，成为重度自闭症患者，或引发抑郁症等心理疾病。

那么，父母如何做才能防止孩子患上社交恐惧症呢？最简单的方法，就是尽可能地多带孩子出席社交场合，让他直面恐惧，适应恐惧，在恐惧中战胜恐惧，不过这样做的时候，父母一定不要给孩子太大的压力，要遵循循序渐进的原则，让孩子有一个适应的过程。如果贸然带孩子置身于一个陌生的场合，可能会让孩子的社交恐惧症更为严重。

父母应关心孩子，及早发现孩子是否有社交恐惧倾向；要给予孩子更多爱护、表扬和鼓励，让孩子有更大信心融入人群中。有时孩子害怕社交，是因为自己的知识领域过于狭窄，或对时事知道得太少，因无法加入别人的谈话中，从而受到冷落，所以产生了逃避心理。

当孩子在交往中出现社交恐惧症时，父母要教给孩子有意识地使紧张心情得以缓解的方法。平时注意训练孩子口齿清楚地大声说话，用大胆而自信的眼光正视别人，引导孩子敢于表达自己的观点，放弃过于自负或者自卑的心理，为孩子建立自信打下基础。

儿童心理专家支招

儿童社交恐惧症是一种常见的儿童期情绪障碍，对儿童的身心健康有很大的负面影响。儿童由于缺乏社交经验和独立生存能力，在离开父母、独自面对陌生环境的时候，通常都会产生焦虑心理。如果孩子对社交长时间、反复出现持续的焦虑情绪和回避行为，就有可能患上了社交恐惧症，父母一定要帮助孩子做心理治疗。

二、不敢尝试第一次：极度缺乏自信心

磊磊会说话了，会走路了，爸爸妈妈特别高兴。可是，让磊磊自己做些穿袜子、穿衣服之类简单的事情，磊磊总是不愿意动手。起初，爸爸妈妈以为是磊磊比较懒，不愿意自己动手，所以总是希望得到爸爸妈妈的帮助。

可是，等磊磊大一些的时候，爸爸妈妈发现他特别胆小，比如幼儿园组织活动，要求两个学生背对背挤爆气球，磊磊就不敢去，特别怕气球爆炸。别的孩子玩得不亦乐乎，磊磊却在一旁站着不动。后来，爸爸妈妈发现磊磊胆子小的主要原因就是缺乏自信。可磊磊从什么时候开始变成这样的，他们也不知道。

孩子行为心理解读

孩子的人生第一步，父母总是格外重视的。孩子第一次说话，第一次迈出脚步，父母总是特别高兴。如果孩子迟迟不会走路，做父母的还会很着急，会问其他父母，他们的孩子是不是会说话走路了，自己的孩子是不是不正常。

其实，家长大可不必担心，学会说话、走路晚并不能说明什么，除非是病变引起的，一般都不是严重的现象。与此相比，孩子在其他方面的第一次尝试更为重要。比如，孩子第一次出去玩，孩子第一次上幼儿园，孩子第一次自己买东西等，这都直接显示着孩子的自信。

卢梭曾说过："自信对于事业简直是一种奇迹，有了它，一个人的才干便可以取之不尽，用之不竭；一个没有自信的人，无论他有多大的才能，也抓不住一个机会。"

现实中正是如此，自信心强的人更能抓住机遇，获得成功；而自信心不强的人往往退却顺从，成为碌碌无为的平庸者。因此，家长一定要重点培养孩子的自信心，让孩子勇敢去尝试。

妈，我学会了洗衣服、洗碗、剥鸡蛋，还学会了自己睡觉！

有些孩子之所以缺乏自信，罪魁祸首就是父母。父母们总是抱怨孩子什么事情都不敢尝试，却不知道恰恰是因为他们对孩子的限制太多，提供的帮助太多所导致的。家长的过度关爱，往往会让孩子丧失尝试第一次的勇气，丧失勇气带来的自信。

除此之外，有的父母因为孩子年龄小，总是帮孩子把所有的事情都做好，这样孩子不仅会失去锻炼的机会，还会缺少责任感，以后会特别依赖父母。时间长了，孩子的自信心就会消失。

因此，为了让孩子敢于尝试，家长必须先解开孩子被束缚的手脚，放手让孩子进行尝试。生活中，家长可以有意识地让孩子承担一些力所能及的家务，让孩子多动手，这样不仅能锻炼孩子的自立能力，还可使孩子从中获得自信。

儿童心理专家支招

孩子的自我意识形成后，认识自己的途径就是别人的评价。如果父母经常赞许、表扬孩子，孩子从父母那里得到肯定，就会有很强的自信心。反之，如果家长总是否定、批评孩子，孩子便会缺乏自信心。

因此，家长要经常对孩子做出正面的评价，让孩子充分认识自己、肯定自己，这样就能提高孩子的自信心。当孩子第一次进行尝试时，家长要敢于放手，对于孩子尝试的结果，家长也不要将之与其他孩子相比较。而且，对于孩子的不足之处，家长不要一味地否定，要耐心地教导和帮助孩子，让孩子在实践中树立自信心。

三、奇怪的恋物癖：他在寻求情感寄托

艳艳每天上幼儿园的时候都要带着她的"熊宝宝"，其实"熊宝宝"是奶奶给她做的抱枕，从小她就枕着它睡觉。尽管后来妈妈也给她买了很多漂亮的小枕头，但她就是喜欢"熊宝宝"，睡觉的时候一定要抱着。

自从上了幼儿园，艳艳更是时刻不肯离开"熊宝宝"，走到哪里就把"熊宝宝"带到哪里，哭的时候抱着，走路的时候抱着，吃饭的时候抱着，上厕所的时候也要带着……有时候，她和其他小朋友玩时也会忘记"熊宝宝"，但想起来时就到处寻找，如果找不到就会大哭。不仅在幼儿园如此，艳艳在家里也只要"熊宝宝"，如果找不到"熊宝宝"，就会烦躁不安、哭闹不休，睡觉时不抱着"熊宝宝"也迟迟无法入睡。

孩子行为心理解读

艳艳的行为可以说是"恋物癖"，是一种离开某一样陪伴惯了的东西就忐忑不安的行为。而且艳艳的例子绝非个例，现在很多孩子都有这种行为。

以前有此症状的儿童在注重亲子关系的中国比例很小，但近几年随着白领阶层教子模式的日益西化，日益强调教育在幼儿生活中的比重，而忽略亲情的互动式享受，有"恋物癖"的儿童越来越多。这种行为有轻有重，但大抵是因为缺乏安全感引起的。

1. 孩子对依恋的需要

亲子之间存在着一种依恋，孩子会很依赖一直照顾自己的人，而这个依恋对象一般是妈妈。但如果孩子对妈妈的需要没有满足，就会把某些物件作为替代品，从而获得安慰。父母对孩子缺乏关爱，可能会引发孩子的恋物行为。

2. 孩子对皮肤和身体接触的需要

孩子在舒适的身体接触中，不仅能得到感知觉的发展，也能得到一种心理上的放松。因此，许多孩子所恋之物多是比较柔软的东西。

在日常生活中，家长要特别警惕孩子是否患上恋物癖。如果孩子出现异

常行为，长期对某个东西爱不释手、形影不离时，家长就要给予足够的重视，切不可掉以轻心。

儿童心理专家支招

孩子有恋物癖是缺乏关爱的表征，家长应该反思是不是自己在某些方面做得不够好。如果发现孩子患上恋物癖，千万不要采取极端的处理方式，一定要在心理上断绝孩子对所恋之物的不正常依恋。

孩子的"恋物癖"是由缺乏安全感引起的，那么预防或逐步戒除幼儿"恋物癖"，可以尝试以下几种方法。

1. 多拥抱孩子，拍抚他的背部和头顶，解其"皮肤饥饿"

对孩子的拥抱和拍抚不应该是奖赏，而应该是日常的、无条件的。当孩子做错了事感到不安时，也可以拥抱他。经常拥抱会给孩子这样的暗示：我在你身边；我爱你；你很安全……当孩子从父母那里得到安全感的时候，很少会将某件东西当作他的"精神保险带"。

2. 让孩子独处一室，要进行睡前安抚

孩子本能地畏惧噩梦和黑暗，如果父母硬将孩子与自己分开，孩子会很难接受。许多孩子就是因为入睡前的害怕不安而染上"恋物癖"的，如果父母在孩子独睡前陪伴孩子，安抚孩子不安的情绪，孩子就不会因为害怕而恋物。

四、大声尖叫情绪失控：他渴望你更多的关注

近来，上幼儿园大班的安娜经常说上学没意思："老师不表扬我，也不批评我，真没意思。"安娜的话反映出孩子渴望被关注的心理。其实，每个人都有这样的心理需要，孩子也不例外，但很多孩子在幼儿园得不到关注。

安娜的班上有个叫苏苏的小朋友，他经常在玩滑梯的时候故意大声尖叫，每当他尖叫的时候，老师就会赶忙跑过去，问："苏苏，怎么了？"苏苏总是用这样的方法引起老师的注意。

孩子行为心理解读

由于在幼儿园压力大、亲子教育沟通缺乏、孩子自身的心理状况等原因，现在的孩子越来越容易情绪失控。如果孩子不向他人合理表达自己的情绪，总是把不良情绪积压在心里，不让他人知道，时间长了，不良情绪得不到宣泄，容易造成情绪失控，严重的则会出现心理问题。

事实上，在孩子的成长过程中，情绪失控起着一定作用。如果孩子的这种情况处理得好，能帮助孩子形成健康的心理和健全的人格；但如果处理不好，会给孩子造成心理阴影。

孩子与成人不同，他们往往藏不住心思和情绪，不管是高兴还是难过，他们都会直接表现出来。如果家长不给孩子宣泄自己真实情感的机会，孩子的情绪就会被压抑在心底，最后像火山一样喷发出来，到时会一发不可收拾。

孩子情感的宣泄有利于孩子的身体健康，哭泣能愈合心灵创伤，大笑能缓解压力。但在孩子情绪宣泄的背后，除了释放内心积累的负面情绪以外，还想要引起他人的关注。因此，当孩子情绪失控时，父母应该给予关注，不要让孩子觉得他被冷落、被忽视。

儿童心理专家支招

生活中，缺乏关注的孩子更容易积压情绪，容易情绪失控。这类孩子介于出色的孩子和顽皮的孩子之间，他们往往比较文静，胆子较小，不会过多地表现自己，难以得到他人的注意，容易患多动症、厌学症、孤独症。其实，这种类型的孩子大多都渴望得到更多的关注。

既然孩子渴望得到父母的关注，那么，父母该如何给予孩子关注呢？

家长对孩子的关注一定要符合孩子的天性。围绕天性的关注才是恰如其分的，违背了孩子天性的关注会适得其反。因此，家长对于孩子的关注要适度，不能过于宠溺孩子，可以放手让孩子去尝试，父母可以从旁协助并给予孩子鼓励，当孩子做得好时，家长也要给予肯定。

五、喜欢虐待小动物：找准心理原因培养爱心

冯倩经常教育5岁的女儿莹莹要有爱心："莹莹，要爱护小动物知道吗？"每次莹莹都大声表示自己知道了。但莹莹只是嘴上答应得好，真做起来完全不是那么回事。

上周末，妈妈带莹莹去朋友家玩，看到朋友家养的小鸡，莹莹非常喜欢，最终妈妈答应给她也买两只，她才肯回家。刚开始的几天，莹莹喜欢得不得了，总想抱它们。可是，昨天她把一只小鸡抓出来，放到桌子上，然后又推下去，再放到桌子上，再推下去。因此，现在妈妈只要看到她把手伸向小鸡就会制止她。

但是，不管妈妈怎么教育她，莹莹还是会没轻没重地捏小鸡，看到小鸡痛苦挣扎的样子，莹莹反而很开心。

孩子行为心理解读

成人总会给孩子们灌输"爱护小动物"的理念，我们也相信，善待小动物的孩子是有爱心的。确实，很多小朋友对小动物的表现是亲昵、宠爱。但孩子打小动物的不良行为在生活中也是屡见不鲜，孩子一旦出现这种行为，家长就会猜测：孩子虐待小动物，会不会有暴力倾向呢？

孩子爱欺负小动物并不是天生残忍。儿童心理学研究表明，孩子6岁之前发生这种行为是正常的，6岁之后他们才会意识到自己不能虐待小动物。孩子虐待小动物有着复杂的心理原因，具体分析起来主要有以下几种。

1. 效仿大人

年龄尚小的孩子，他们的许多行为都是效仿大人来的，对于大人的某些行为，他们不分好坏，照单全收。"近朱者赤，近墨者黑"，因此家长的行为规范及孩子的生活环境对他们的影响是很大的，他们会不自觉地模仿大人的行为。

2. 探索、好奇心理

很多孩子喜欢抓摸小动物，比如，看到小鸡，由于好奇就上前抓，就像

是才看到一件新玩具一样，想抓它、摸它，这完全是出于感兴趣与自我探索的成长需要，而他根本想不到这样做会伤害小动物。

3. 感情的宣泄

从心理学角度分析，孩子有某种心理障碍或不良情绪时也会虐待小动物，比如，孩子想要发泄心中的郁闷，缓解紧张情绪。孩子宣泄不良情绪时，就会找比自己更弱小的动物作为宣泄对象。

儿童心理专家支招

在生活中，父母对于孩子虐待小动物持不同的观点，有的家长看到孩子虐待动物，会采取置之不理的方式；有的家长担心动物反抗，伤害孩子，而把孩子拉到一边去。

其实，家长看到孩子虐待小动物，不仅要制止孩子的这种行为，更要想方设法培养孩子的爱心，通过积极的影响改变孩子虐待动物的坏行为。孩子一旦养成虐待动物的不良习惯，会影响其心理的发展。为了让孩子健康成长，在孩子的成长过程中，家长要做到以下几点。

1. 让孩子在零暴力的环境中成长

在孩子的成长过程中，家长要少让孩子看有暴力内容的电影、电视，少玩有暴力成分的游戏，可以多让孩子看些有利于培养爱心的电视、电影，让孩子多玩有爱心的游戏。

2. 多让孩子与小动物相处

闲暇时间，家长可以带孩子到动物园看看动物。在动物园时，要根据孩子看到的动物给孩子讲讲动物品种的稀缺，讲讲小动物的可爱，以此激发孩子对小动物的爱和珍惜。如果条件允许，也可以让孩子养些小动物。

3. 巧用奖惩法则

如果家长发现孩子虐待小动物，一定要及时批评，让孩子认识到自己的错误。同时，可以采取奖惩的方式来矫正孩子的不良行为，让孩子虐待小动物的行为受到惩罚。

4. 家长的言传身教

家长在对孩子的教育上要以身作则，重视孩子的心理感受，特别是在批评孩子时，要通过积极的影响改变孩子虐待动物的不良行为。平时，父母也要检点自己的行为，做爱护小动物的典范。

六、坐不住的他：不可忽视的多动障碍

星期天，牛牛的妈妈要加班，爸爸要去参加同学聚会。虽然知道牛牛很调皮，但没办法，爸爸只得带着他去参加聚会，可是到了饭店他就后悔了。刚到饭店，大家都坐在那里说话，牛牛看到几个与自己年龄相仿的小伙伴，然后几个人就在一起追跑打闹起来。他们在大厅里跑过来跑过去，这里都成了他们的战场。

等到大家开始吃饭了，牛牛吃了几口就说吃饱了，又开始坐不住，便和几个小朋友又玩了起来，到处跑跑跳跳，踢翻了酒瓶，撞到了服务员，像小耗子一样在桌子底下窜来窜去。其实，牛牛坐不住这个习惯爸爸早就知道，但总希望在某些场合孩子会懂得应该老实一些。看着牛牛的表现，爸爸觉得真的很不好意思。

孩子行为心理解读

牛牛不能长期保持注意力集中，坐不住，总是跑来跑去，很可能患上了多动障碍。多动障碍患儿一般会表现出做事冲动和过于活跃，有焦虑感，有交往障碍，经不起挫折。

有些家长可能认为孩子多动就是"多动症"的表现。其实，孩子多动不一定就是多动症，有些"多动症"患儿并没有活动过多的表现。他们反而看上去很文静，但成绩总是上不去，主要表现就是注意力不集中、容易走神，学习困难，做事拖拉、粗心大意。时间长了，这些"多动症"患儿会产生自卑、消极心理，并出现厌学、逃学、说谎等行为。

"多动症"实际上是指注意力缺陷多动障碍，其有三大核心症状：注意力缺陷、多动及冲动。患儿有的以注意力缺陷为主，有的以多动、冲动为主，更多的则是三者并存。患有"多动症"的孩子，通常自控能力都很差。

患有"多动症"的孩子情绪非常不稳定，经常会为一些小事而发脾气，遇到不顺心的事就吵闹。他们的情感不成熟，在许多方面表现幼稚，自制力差。他们不能很好地控制自己的感情，容易产生逆反心理和对抗情绪，很容易被激怒。有时他们也会很焦虑，内心紧张，焦虑过度还会产生恐惧。

孩子坐不住，患有多动障碍，一般有以下几个原因。

1．环境影响

如果孩子活动的环境噪声很大，或有其他干扰分散孩子的注意力，使他们难以静心，长时间如此，孩子就会坐不住，总是烦躁不安。

2．紧张刺激

过多的刺激和情感上的不满会导致孩子多动。比如，有的孩子长时间地玩游戏机，导致精神过度紧张，不能平静；有些家长过多地干涉孩子的正常活动，动不动就对孩子打骂体罚，使孩子产生对抗情绪，导致孩子在家坐不住而到处乱跑。

3．活动量太大，时间太长

有时带孩子去参加某些活动，孩子表现得不好，总是坐不住。可能孩子对活动本身不感兴趣，或者对孩子来说活动量太大、时间太长，让孩子感觉很无聊或超出孩子的忍耐力。

儿童心理专家支招

孩子坐不住，患有多动障碍，不利于孩子的健康成长。因此，家长一定要多注意孩子，对孩子进行积极的引导。心理专家建议家长可以从以下几个方面来纠正。

1. 良好的饮食习惯

儿童营养与病理专家指出，多动障碍与日常饮食有很大的关系。父母应该改善多动障碍患儿的饮食习惯，帮助孩子平衡营养结构，缓解病情。父母应该给孩子适量增加富含甲基水杨酸、维生素、锌、铁等营养元素的食品，例如西红柿、蔬菜和水果等；少食用添加剂、防腐剂多的食物，如膨化食品和方便面等。

2. 创设安静的环境

例如，供学习用的房间应少放杂物，多放些玩具、图书、文具；适时关好门窗，以免周围噪声刺激。

3. 开展活动，培养孩子兴趣

利用孩子爱玩的特点，让他多参加一些有趣而又需要耐心和毅力的活动，如搭积木、玩橡皮泥、拼图游戏等，提高活动的积极性，激发他们的兴趣，延长他们活动的时间，培养他们良好的意志品质。

4. 强化正确行为，坚持正面引导

坐不住的孩子有时若能安心游戏和写作业，能与同伴合作完成某件事，应及时给予表扬或物质奖励；如果乱跑、大喊、恶作剧，则应给予批评或取消某种权利。

在孩子的成长过程中，说谎、说大人话、爱吹牛是一种较为普遍的现象。面对孩子的这种负面语言行为，父母不可过度紧张，更不能为此打骂孩子。家长应以平和的心态来看待孩子的这种行为，与孩子多沟通，找出孩子行为背后的心理原因，并根据孩子成长的心理特点，采取适当的措施。否则，不仅会伤害孩子的心灵，还会使这种情况愈演愈烈。

第五章

正确解读信号
——小嘴里有大乾坤

一、水杯不是我打碎的：正确处理孩子的防御性撒谎

周日，妈妈带 3 岁的蓬蓬去姨妈家玩。姨妈高兴地为蓬蓬包了她最爱吃的饺子。但蓬蓬并不买账，天气比较热，蓬蓬一进门就大声喊着要吃冰激凌。

"不行！现在吃冰激凌会肚子疼的。蓬蓬听话，先玩一会儿，喝点儿水，好不好？""好吧。"蓬蓬就和表弟佳佳乖乖地在客厅玩，蓬蓬的妈妈给两个小家伙倒了水放在桌子上。一不小心，蓬蓬把水杯碰到了地上。"妈妈，水杯是佳佳打碎的！""蓬蓬，妈妈都看到是你碰掉的，你怎么能说是佳佳呢？""我没说谎，就是佳佳打碎的！"

"你……你这孩子！我是拿你没办法了，回去让你爸爸收拾你！你就等着吧！"妈妈见蓬蓬说谎，还死不认错，非常生气。但是孩子说谎，训斥能管用吗？

孩子行为心理解读

看到孩子说谎，许多父母都会非常着急。但面对孩子说谎，家长不能急着训斥，而应冷静地分析，从心理层面去找原因。

一般来说，不到 4 岁的孩子说谎是一种无意识行为，因为他们还不知道什么叫谎言。而 6~12 岁时，大多数孩子已经懂得了谎言的用途，比如，说谎可以得到自己喜欢的东西或者逃避惩罚等。因此，这个年龄段的孩子说谎是有意识的行为。

对于孩子的撒谎行为，家长最好从以下几个方面进行引导纠正。

1. 了解孩子的愿望与想法

尚处在幼儿期的孩子其心理和身体各个方面发展还不够成熟，父母应该多了解孩子内心的真实想法，重视孩子内心的体验和感受。不要一发现孩子

在说谎，就摆出兴师问罪的架势，对孩子横眉呵斥，应该平静地应对孩子的说谎行为。

2. 让孩子自己说出说谎的原因

如果发现孩子说谎，父母应该蹲下来，心平气和地与孩子沟通。要多听孩子说，孩子才能一吐为快。实话实说，这样父母才能了解孩子为什么说谎。同时还要告诉孩子，爸爸妈妈喜欢乖孩子，更喜欢诚实的孩子，不喜欢说谎的孩子。

3. 减小孩子的心理压力

孩子6岁以后，多是由于害怕受到责罚而说谎。比如，想做父母眼中的好孩子，避免因考试成绩不好而受到父母的责罚。因此，孩子上小学后，父母不要对其有过高的期望，不要给孩子太大的压力。

4. 用讲故事的方法

孩子最喜欢听故事，因此在日常生活中可以给孩子讲《皮诺曹》《狼来了》等故事，让孩子明白撒谎的危害。

儿童心理专家支招

许多家长发现孩子撒谎会觉得难过，甚至担心孩子会因此变成一个撒谎成性的人。但从心理发育角度来看，撒谎是孩子成长过程中的普遍现象。因此，不要为孩子的诚实度而感到困扰。

甚至有国外的儿童专家指出，幼儿早期善意的谎言，不仅不会阻碍孩子的正常发展，还有助于他们的智力开发。因为说谎时大脑的运作很复杂，包括隐藏真相、用合理的解释来掩盖自己的错误等。这个过程锻炼了孩子的管理思维。

为此，面对孩子的谎言，父母不必慌，更不能有孩子不可救药的想法。孩子有撒谎行为，家长要多与孩子沟通，查清孩子撒谎的真实原因，并加以纠正。对于"防御性撒谎"，更要如此。

二、小顽童爱说大人话：小心孩子童心早失

4岁的孩子说大人话？你别不相信。一天，章强下班回到家，工作了一天非常累，就将脱下的鞋随意一放，倒头便睡。

让人想不到的是，章强刚躺下，就听到女儿宝宝说："你小时候上的哪个幼儿园啊？老师真不负责任，没好好教育你，都不知道鞋子要摆好才能上床，你的学费算是白交啦！"

"这……这……"章强面对这个说大人话的小屁孩，真不知如何是好。

孩子行为心理解读

一个4岁的小女孩，因为爸爸上床之前没有把鞋摆好，就说了这样一段大人话，着实令人无语。对于孩子说大人话，有些家长觉得好玩，但也有家长担心孩子过早失去应有的童真，似乎不是件好事。

到底是什么原因使得现在的孩子变得"早熟"了呢？

为了防止孩子过早地语言成人化，小小年纪失去童心，家长应该如何做呢？

1. 为孩子提供正确的模仿样板

孩子在幼儿时期主要通过亲身参与而直接获得经验，所以父母要转变家庭养育模式，根据孩子的心理和生理特点为他们提供正确的模仿样板。同时要给孩子提供更多的实验和学习的机会，让孩子能够通过亲身参与获得生活经验，而不是通过动画片、电视剧、绘本、电影和游戏。

2. 鼓励孩子多交朋友

父母不要总把孩子关在家里，总与电视、电脑为伴。在休息时要多带孩子出去，多给孩子户外玩耍的时间与权利。比如，多带孩子去小区的绿地或公园等孩子多的地方走走，为孩子提供与同龄人交往的机会，让孩子多交同龄的朋友，回归本属于自己的群体，享受童年的快乐。

3. 多让孩子玩健康的游戏

父母要多让孩子玩健康的游戏，特别是像捉迷藏、跳皮筋等群体游戏。这种游戏需要很多孩子一起完成。最有意思的是，在这种游戏中每个人都有固定的角色，角色之间有一定的交流，这样孩子就可以利用这样的机会，相互模仿和学习，在这种环境中成长的孩子是不会早早说大人话的。

儿童心理专家支招

如果小孩子说大人话只是一种无意识的模仿，偶尔几次，只要不太过分，家长也不必太在意。但孩子经常这样，就需要重视了。如果孩子为了取悦大人获得表扬和赞赏而说大人话，也要值得警惕。因为孩子这样做，很可能是早熟的表现。

这时父母要耐心地帮孩子养成"心里有什么，就说什么，能表达自己真性情"的习惯。

三、出口成脏：孩子的心理要"清污"

橙橙生日时收到别人送给她的一盒儿童拼图，她非常喜欢，经常拿出来玩。可最近碰到拼错时，她的小嘴里就会不时地蹦出"他妈的，怎么又错了"这样的话。

不仅如此，橙橙看《大头儿子和小头爸爸》这部儿童动画片已不止一遍了，那天她又在乐滋滋地看着，奶奶凑上来问她某个情节，不料橙橙冲着奶奶竟脱口而出"你怎么像个白痴"，奶奶和妈妈听后都惊呆了。

孩子行为心理解读

幼儿阶段孩子的语言不只是正面的，也有负面的，脏话就是其中之一。除此之外，此阶段的负面言行还有顶嘴、耍嘴皮子、狡辩等。这些负面语言会影响孩子的交际，对孩子的社会性发展非常不利。

2~4 岁是孩子口头语言发展的敏感期，孩子的学习能力与模仿能力很强，听到别人说脏话可能会觉得好玩，因此加以模仿。当父母发现孩子说脏话时，不用感到震惊，也不能为此打骂孩子。但孩子 4 岁以后，"分辨自己和他人想法"的能力有所发展，他已经能够分辨出别人针对自己的贬义词，并会用更加难听的句子回骂对方。这个时候，他们是在有意识地使用脏话。

孩子爱说脏话，具体原因分析如下。

1．模仿心理

有些孩子自上幼儿园起就学会说脏话了。要知道，2~4 岁的孩子正处在模仿期，不管是好的还是坏的，孩子都会不加选择地学习。

2．吸引父母的注意力

孩子第一次说脏话有可能是出于好奇。但如果父母听到之后笑了，孩子会把它当作鼓励而继续说脏话；如果听后父母表情惊愕，大喊大叫，孩子会以为说脏话可以吸引父母的注意力，甚至认为这是一个了不起的发明。看到父母如此重视，孩子当然会乐此不疲地说脏话。

3．不良情绪需要发泄

孩子在要求得不到满足、生气或感到无人疼爱时，也会说脏话。此时，孩子知道自己是在说脏话，但他就是要通过这些脏话来发泄自己的不良情绪，表达对父母的不满。

儿童心理专家支招

4 岁左右是孩子说脏话的兴奋期，如果发现孩子说脏话，不要太着急，更不要给孩子贴上不可救药的标签。一般上小学之后，孩子都不会再爱说脏话。对于孩子说脏话，父母要先控制自己的情绪，鼓励他使用文明的词语，礼貌地表达，尽快帮孩子清理掉心理上的污垢。父母可以采取以下几种方法来处理孩子爱说"脏话"的行为。

1．冷处理法

如果是三四岁的孩子说脏话，你可以假装没听见，不理睬。因为这个年龄段的孩子只是把它当作一个新的词来使用，并不明白这是脏话。不理不问要比批评、训斥有效得多，时间长了，孩子自然就忘了。

2．模仿疗法

模仿疗法，也称示范法，是指通过观察别人的行为，学习和获得良好行为，减少和消除不良行为的一种矫正方法，适用于较大的孩子。父母可以让经常骂人的孩子扮演一些被骂的角色，让孩子体会到被骂是件非常不舒服的事情，慢慢地，他说脏话的次数就减少了。

3．情绪疏导法

当孩子生气时，父母要鼓励孩子心平气和地把不满说出来。如果孩子不想说，家长可以鼓励孩子画出来，或写成日记，帮助孩子找到宣泄不良情绪的方法。

四、就是要顶嘴：独立期孩子的逆反

帆帆 3 岁了，对一些事情有自己的主意，说起话来更像个小大人。可是，在帆帆乖巧伶俐的另一面却多了些逆反——"爱顶嘴"。大人说什么，他偏不听。早上，妈妈好不容易把帆帆叫醒，可让他穿衣服时又遇到了麻烦。她本来想让儿子穿新买的运动装，可没想到帆帆死活不肯，非要穿昨天的那套衣服。

"帆帆，昨天那套衣服太脏了，妈妈给你洗了。今天咱们穿新衣服吧！"眼看上班要迟到了，妈妈赶紧动手给孩子穿衣服。可没想到，帆帆一把推开妈妈新买的运动装，大叫起来："不，不要！不要!"

帆帆说不穿就是不穿，甚至还把衣服丢到地上。无奈之下，妈妈只得让帆帆自己去衣橱挑。

孩子行为心理解读

很多父母都面临过这样的疑惑：孩子怎么不听话了？不管大人说什么，孩子都会说"不"。有时，你说一句，他顶你两句，气得父母哑口无言，火冒三丈。孩子怎么会变成这样了？是孩子不对，还是自己哪里教育得不好？

如果你也有这样的疑惑，先别忙着着急发火，而是要先了解孩子爱顶嘴的原因，再有针对性地加以引导和解决。

一个十分听话的孩子，为何变得爱顶嘴呢？

1. 意识到自我的存在

在孩子的成长过程中，爱顶嘴是独立欲望明显增强的表现。一般来说，在 2~3 岁之间，孩子的自我意识萌芽，开始意识到自己的存在，不愿处处被压制。因此，他们不会再像以前那么听话，常常会与父母顶嘴。

2. 家长过多干涉

很多家长刚开始并不会意识到孩子自我意识的萌芽，仍旧过多地干涉孩子的生活，要求孩子必须顺从自己的决定。但孩子有了独立的欲望，想自己做主，就会觉得父母管得太多，并产生逆反心理。

3. 阶段性顶牛

有些孩子是到 6 岁左右开始爱顶嘴的，这就属于阶段性顶牛，心理学称为"第二反抗期"。之所以会这样，是因为孩子到 6 岁时独立能力增强，独立意识迅速发展。这时，孩子希望父母把他们当成大人看待，期望获得大人的赞赏与信任。但父母依旧把他们当成小孩子，孩子会因此反感而和家长顶嘴。

儿童心理专家支招

很多父母想要孩子听话、顺从自己的决定，一旦发现孩子顶嘴，就气得火冒三丈，不分青红皂白地训斥一顿。虽说孩子 6 岁到反抗期是正常的，但家长不能无动于衷。如果家长应对得当，孩子顶嘴的毛病不仅会好转，还会逐渐成为自主又懂规则的人；如果引导不好，孩子可能变得骄纵任性，或者过分顺从、没有主见。

孩子爱顶嘴，家长应该如何帮助孩子顺利度过这一"反抗期"呢？

1. 尊重孩子的意愿

2~3 岁时，孩子想当小大人的愿望很强烈，很多事情想自己决定。此时，父母要放手，让孩子自己去尝试。当孩子遇到困难时，父母可以从旁协助并鼓励孩子继续努力。

2. 改变沟通方式

很多父母对孩子顶嘴总是责骂不已，这样会让孩子很反感。父母要站在孩子的立场去考虑问题，委婉地跟孩子沟通。时间长了，孩子顶嘴的习惯就会有所好转。

3. 允许孩子表达自己的想法

当孩子顶嘴时，很多父母直接采取"封嘴"的方式，不让孩子把自己的意见与看法表达出来。事实上，这是错误的做法。一定要让孩子把自己的想法表达出来，谁说得有理就听谁的，不要认为孩子小，想法就是不对的。

五、孩子爱吹牛：正确引导孩子的好胜心

韩美与朋友约好，星期天带孩子去动物园玩。一听说要去动物园玩，韩美的女儿甜甜可高兴了。星期天起了个大早，韩美与朋友带孩子们进了动物园。孩子们很兴奋，特别是看见动物的时候，竟然高兴得蹦了起来。

看累了，两个大人就找了个人少的地，将报纸铺开，把吃的放在上面。两个孩子一边吃一边聊天。"这个蛋卷真好吃！妈妈，你怎么就带这么点儿啊？"朋友的儿子说。甜甜听后，不屑地说："肯德基的鸡翅才好吃呢，而且我妈妈还会做呢！"

两个孩子因为吃的各自吹起了牛，一会儿说自己的妈妈会做这个，一会儿说自己的妈妈会做那个。韩美实在听不下去了，赶紧制止孩子们。而朋友却不以为然，觉得吹牛是孩子心理健康的表现。最后，两个妈妈也产生了分歧。

① 孩子行为心理解读

在日常生活中，许多孩子都有吹牛的毛病，而且家长们对孩子这一行为的态度也不尽相同。有些家长认为，这么小的孩子吹牛不是什么大问题；有些家长则认为不能听之任之，孩子一旦吹牛成性，想改就难了。

由于3~6岁的孩子正处在自我意识形成发展阶段，希望得到父母或他人的关注，满足自己的内心需求。为此，有些孩子便学会了吹嘘夸耀，夸大事实或说一些子虚乌有的事。

尽管幼儿阶段的吹牛与有意识的撒谎存在一定的区别，但这种行为对孩子品德性格的形成有一定的负面影响。因此，对待吹牛的孩子，父母不能掉以轻心。

身为父母，首先需要了解孩子爱吹牛的原因。

1. 好胜心强

随着孩子的成长，他们的好胜心越来越强，慢慢地，就会不仅仅局限于自我欣赏，还要在同伴面前展示自己，夸耀自己。如果发现自己某些方面不如其他小朋友，孩子就会不高兴，进而会千方百计想办法弥补，甚至说一些子虚乌有的事来夸耀自我。

2. 过强的自尊心

有的孩子自尊心过强，他们容不得别人说自己半个"不"字。如果别人说自己不好，他们就会把话说得很大。他们认为这样就能压倒对方，让对方认输，从而维护自己的自尊心。

3. 虚荣心

6岁以上的孩子说大话，还可能是虚荣心比较强。虚荣心比较强的孩子多不甘居于人下，当他们发现别人某方面比自己强时，就会心里不平衡，用说大话的方法来平衡自己的心理。

我们身边不乏一些爱说大话的孩子，这些孩子多有很强的自尊心、好胜心，凡事喜欢争强好胜。

从心理学角度来看，吹牛是幼儿心理健康的表现。但如果是因为争强好胜而吹牛，则需要父母好好引导，否则孩子的心理就会失衡。如果不加管制，孩子的好胜心很可能转化为强烈的虚荣心，刚刚萌发的自尊也可能转化为自卑或自负，甚至由此产生忌妒心理。

对爱讲大话的孩子，父母一要理解，二要引导，不能一味地制止、斥责，否则会伤了孩子的自尊心。让孩子在知识上和精神上成为一个富有的人，才是最重要的。

六、爱说狠话：他有一颗无法摆平的心

以前毛毛一直是个脾气比较温和的孩子，但刚满4岁的他最近有些反常，常常说"狠话"。

有次晚饭后，爸爸要用电脑工作，但毛毛非要用电脑看动画片，说什么也不让爸爸用电脑，爸爸不同意，毛毛就气急败坏地说："我踢死你！我打死你！"爸爸听了之后，气不打一处来，揍他一顿的想法都有了，不过在妈妈的劝说下忍住了。

但毛毛的爸爸妈妈还是不明白，为什么以前"温顺的小绵羊"忽然变成"凶狠的大灰狼"了？如何才能帮助毛毛纠正"说狠话"的毛病呢？

孩子行为心理解读

当天真无邪的孩子嘴里蹦出"我踢死你！""我揍死你！"这些狠话时，做家长的难免会毛骨悚然，并为此生气。事实上，孩子并非真要"打死"你，因为他根本不懂"打死"是什么意思。如果父母对孩子的这类语言过敏，反而正"中"了孩子的小圈套——他就是想看到你暴跳如雷的样子。

一般来说，孩子爱说狠话不可能是无缘无故的。

1."狠话"出自一颗无法摆平的心

一般情况下，当孩子遇到挫折的时候，他们会有两种攻击性行为：即身体攻击和语言攻击。4岁之前的孩子，不论男孩还是女孩，他们的攻击方式差别不大，两种攻击方式都有可能。但4岁之后，男孩多倾向于身体攻击，女孩多倾向于语言攻击。尽管不同性别孩子的攻击方式和攻击程度有所不同，但都源于一颗无法摆平的心。

> 乖儿子？！
>
> 我要用小刀砍妈妈！

2.语言能力发展的结果

对于一个语言能力正在飞速发展的孩子来说，说"狠话"几乎是一条必经之路。这种语言可能让孩子感觉新鲜好奇，于是模仿着说一说，试探一下他人的反应。

3.与父母的言行举止有关

孩子天生爱模仿，他们的狠话往往是在相应的语言环境中模仿习得的。比如，父母训斥孩子时偶尔用过"狠话"，孩子就可能模仿。

儿童心理专家支招

明白了孩子说"狠话"是出于什么心理，那么家长应该如何管教说"狠话"的孩子呢？

1.父母要避免强烈的情绪反应

如果自己的孩子说"狠话"，父母一定要保持冷静，不要让孩子的不良语言影响你的心情。如果父母反应激烈，孩子就会觉得这是对付你的最佳手段。如果你对孩子的"狠话"没有反应，他就知道这样做达不到他想要的效果，也就会逐渐放弃使用这种方式来引起你的注意。

2. 告诉孩子你听了他的狠话很不舒服

如果孩子出言伤了父母，不要着急给他讲道理，而是默默地陪着他，让他把心中的不满说出来。等他平静之后告诉他，自己听了很难过，并温和而坚定地告诉孩子说"狠话"不文明。

3. 父母注意用文明语言

日常生活中，家庭成员之间说话要注意使用文明语言，不要相互侮辱，即便是开玩笑也不能使用难听的字眼。特别是家庭成员与孩子说话时，也一定要做到彬彬有礼，不要将不良语言习惯传染给孩子。

家长们都希望自己的孩子是最优秀的，不管是智商还是情商。但是，许多家长只熟识培养孩子的智商的方法，对情商教育则比较陌生。因此，家长想要把孩子"雕刻"得与众不同、卓尔不凡，也是需要技巧的。如果家长懂得利用相应的心理学法则进行教育，就能够让孩子更了解自己，更善于和他人交往。

第六章

"雕刻"孩子有技巧
——善用心理学法则培养孩子

一、狐狸法则：爱他，就让他独立

4岁的伊莲聪明伶俐、活泼可爱，许多人都非常喜欢她。但幼儿园的生活老师发现伊莲太依赖别人，什么事都要喊老师帮忙。吃午餐的时候要老师喂才肯吃；午睡时要老师帮她脱鞋、脱衣服；就连上卫生间也离不开老师……每当伊莲想要寻求帮助时，生活老师总是鼓励她自己做，可是伊莲总是以"我不会"为理由要求老师帮忙。

后来，生活老师把伊莲的这种情况告诉了伊莲的妈妈。伊莲的妈妈听了，无奈地说："有一段时间，伊莲遇到什么事情总要自己做，我嫌她烦、动作慢，就总是替她做。以至于现在伊莲特别懒，什么事都要别人帮忙，每次让她自己做，她都会拒绝。"

孩子行为心理解读

生活中，许多家长总是过度关心孩子，他们帮孩子穿鞋，替孩子收拾玩具。但他们好心办了坏事，他们的这种做法对孩子的成长并没有好处，反而没法让孩子养成"自己的事情自己做"的习惯。

案例中伊莲的表现，就是因为父母没有让她意识到"自己的事情就该自己来做"，没有让她养成独立的习惯。著名教育家卡尔·威特认为，对孩子独立能力的培养是对孩子的一种真爱，而对孩子的溺爱和娇宠则是孩子形成独立人格的最大障碍，只会让孩子在将来的生活中吃尽苦头。

从心理学角度来说，孩子要求"自己来"是自我意识及独立意识的萌发和增强；从教育角度来说，让孩子"自己来"有助于培养孩子独立自理的能力及自信心。

为此，家长可以遵循狐狸法则，所谓的狐狸法则来自这样一个故事：冬天，狐狸富来普和莱拉相爱了，生下了5只小狐狸。莱拉外出觅食时，不幸被捕兽夹夹中而死去，富来普担负起抚养孩子的重任。但它并没有把孩子们保护在身下，而是让孩子们出去独立生活。它教它们捕食的技巧、逃避危险的智慧，带它们去做实践。当小狐狸学会独自捕食时，它们还想娇滴滴地在爸爸身边撒娇，但富来普已经决定把它们赶走。一个风雪交加的晚上，富来普把刚学会走路和觅食的小狐狸全部赶到了洞外。

这就是大自然中的狐狸法则：爱孩子，就要让他独立。

儿童心理专家支招

孩子和成人一样，都是独立的个体，他们也需要自己来做决定，来锻炼自己的决策能力，体会自主选择的快乐。因此，不管家长如何担心，也要让孩子进行选择，学会独立。

但培养孩子的独立意识并不是一蹴而就的，而是一个循序渐进的过程，也是一个漫长的过程。因此，父母不能操之过急，不要因为孩子没有做好某件事就急于把孩子纳入自己的羽翼下。为了让孩子学会独立，家长应该做到以下几点。

1. 改变爱孩子的方式

现在许多家长总是无微不至地照顾孩子，事事为孩子代劳，以为这就是爱孩子。殊不知，家长这样做不经意间就剥夺了孩子动手学习的机会，让孩子变得依赖他人，不利于培养孩子适应周围环境的能力。因此，父母要改变爱的方式，让孩子知道凡事要"自己来"，给孩子机会学习，注重孩子独立性和自主性的培养。

2. 确定适当范围

对于孩子自己能够做到的事情，父母应该支持他们自己去做，而且随着年龄的增长，要扩大孩子"自己来"的范围，不要怕孩子做不好或者嫌麻烦就帮他们解决。让孩子自己动手不仅锻炼孩子动作的灵活性、准确性，也能增强他的自理能力。

3．耐心指导教会技能

孩子年龄小、能力差，可能刚开始尝试"自己来"的时候并不如意。对于这种情况，家长一定要耐心指导，做好示范，切不可横加指责，否则孩子容易变得胆怯、消极、缺乏自信。

4．家长要及时督促表扬

当孩子独自做某件事情时，家长要进行监督，不要让其他事情分散孩子的注意力。而且当孩子完成之后，家长要及时表扬，这样才能强化孩子的良好行为。

二、蝴蝶效应：教育孩子要从细节入手

最近，美美的爸爸妈妈发现，美美很喜欢翻他们的包，每天下班回家把包放下后，美美就会翻。爸爸妈妈觉得美美的这个习惯很不好，一定要纠正。夫妻俩一致认为，喜欢翻别人东西这个"细节问题"不容忽视，一旦成了习惯，后果不堪设想。

因此，每当妈妈看到美美翻包时就及时制止，并告诉她这种行为是不对的。但效果并不理想，美美还是照犯不误。后来，爸爸想了一个办法，他也要让女儿尝尝被别人翻包的滋味。

这天，美美要去上绘画班，结果去之前发现自己的包被翻得乱七八糟，东西都掉到地上，这下美美不乐意了。正当这时，爸爸走过去问她："被别人翻包的滋味怎么样啊？你不喜欢别人翻你的包，别人也不喜欢啊！"

爸爸的这招还真的奏效了，之后美美再也不随便翻别人的包了。

孩子行为心理解读

现今非常流行一句话：细节决定成败。许多人正是只看到大方面，忽视小细节而导致失败。教育界专家也认为，这一观点同样适用于家庭教育，所以特别强调"细节成就孩子一生"。

但现如今很多孩子已经养成了坏习惯，他们以自我为中心、横行霸道、

为所欲为。而孩子之所以会这样，是家长的爱恨无度导致的，而孩子极度以自我为中心也会让父母产生挫败感。实际上，家庭教育并不需要父母喋喋不休的说教，也不需要爱恨无度的行为，父母应该做的是关注孩子的生活细节，考虑细节对孩子的影响。

俄国著名教育家马卡连科曾告诫我们："孩子智力开发与艺术素质从小培养固然重要，但生活习惯的教养也绝不能忽视，且教育必须从细节入手。"

生活中的一切原本就是由诸多细节组成的。孩子品质和习惯的好坏，完全体现在一个个生活细节里，可谓"细节铸就品质，细节显示差异"。细节有时也是非常重要的，蝴蝶效应就是最好的例子。

蝴蝶效应原是一个气象研究上的假设，一只南美洲亚马孙河流域热带雨林中的蝴蝶，偶尔扇动几下翅膀，可以在两周以后引起美国得克萨斯州的一场龙卷风。这一效应源于一个动力系统。同样的道理，在家庭这个动力系统中，家长教育方式的一个微小的积极变化，都有可能会给孩子带来非常大的进步。

因此，家长要明白，成功的家庭教育始于细节，教育孩子应从细节入手。

儿童心理专家支招

家长在教育孩子时一定要遵从"蝴蝶效应"，从细节入手。具体分析的话，要格外注意以下几点。

1. 摒弃小节无害的观念

有的父母对孩子的教育总是将重点放在智力开发、特长培养上，而很少关注孩子生活中的细节。其实，细节和小事往往会对孩子的人生观、价值观产生潜移默化的影响，还可能演变成一种不良习惯或品行。因此，家长要摒弃小节无害的观念。

2. 引导孩子从小事做起

让孩子认真做好每一个细节，可以帮助孩子养成良好的品行与习惯。而且这种细节教育随时随地都可以进行。对于孩子生活中的细节，家长看到之后就提醒，时间长了，孩子也就养成良好的习惯了。

3. 对孩子的不良细节要及时纠正

不良细节一旦固化就会成为一种坏习惯，而且纠正起来也会花很大工夫。因此，在细节教育方面，家长必须不断地引导孩子，对孩子的不良行为要及时纠正。

三、鱼缸法则：给孩子自由成长的空间

艾伦是个 8 岁的美国男孩，他家客厅摆放着一只漂亮的鱼缸。鱼缸里有几条三寸左右的热带鱼，这些热带鱼脑袋大大的，背上有一片红色，非常漂亮。这些热带鱼就这样自由自在地生活在鱼缸中，但两年了，它们好像一点儿都没有长大。

一天，艾伦带着朋友在客厅玩，他们跑来跑去，还拿着篮球在屋里玩，"砰"的一声，鱼缸被打碎了。热带鱼从鱼缸中掉出来，趴在地上苟延残喘。孩子们急忙把热带鱼捡起来，但艾伦家没有容器可以来养这些热带鱼。最终，有个孩子发现了院子里的喷水池可以成为热带鱼暂时的安身之处。

两个月后，定制的新的鱼缸送来了。艾伦的爸爸妈妈到喷水池边上去捞那些热带鱼，当鱼被捞起来后，他们惊讶地发现，仅仅两个月的时间，这些漂亮的小鱼竟然都从三寸疯长到了一尺！

其实这就是鱼缸法则：鱼缸有多大，鱼才能够长得多大。如果鱼缸很小，即使这种鱼可以长得非常大，也会因为鱼缸的大小而限制了它的生长。

孩子行为心理解读

同样地，鱼缸法则也适用于对孩子的教育，孩子在成长的过程中也需要自由的空间。家长对孩子的保护就像鱼缸一样，虽然保护了孩子，但也限制了孩子的成长，孩子在父母的鱼缸中很难长成大鱼。

随着孩子的成长，家长应该给孩子越来越多的自由来决定自己的生活。家长要有意识地要求自己，不要任何事情都帮孩子决定，要给孩子充分的空间，让孩子早日走出"鱼缸"，学会自己的生存方式。

作为父母，难免会替孩子担心，怕孩子受到伤害，但在成长的道路上，许多事情不接触是学不会的。因此，父母应该除掉多余的担心，让孩子接触到各类东西，让孩子自己去体验各种各样的经历。

我国教育家陈鹤琴说过："儿童有自己的思想，儿童有自己的力量，不让儿童自己去做他所能做的事情，不让儿童去想他所能想的事情，等于阻止了儿童身心的发展。"

家长不可能一辈子将孩子护在羽翼之下，每个孩子都有自己的选择方式，都有自己的想法，都有自己的定位，每个孩子的世界都是一个相对独立的世界。孩子在生活的环境中会逐渐形成自身的一套处事方式，父母不要强加干涉。如果父母只是把孩子囚禁在那小小的一方天地中，孩子要么长不大，要么会产生逆反心理。

自由就像空气一样，是孩子成长中必不可少的。如果孩子没有自由的空间，就会"窒息而死"。因此，如果家长想要孩子成长得更快，就必须给孩子提供足够的自由空间，不要限制孩子的自由。

儿童心理专家支招

鉴于鱼缸法则，明智家长要尽量给孩子提供自由的空间，不要总是控制孩子，让孩子在自由的世界中去探索、去发现。怎样才能给孩子提供一个自由的空间呢？

1. 不要剥夺孩子自由探索的权利

孩子在成长的道路上，肯定会遇到很多新鲜的事物。出于本能的需要，孩子对于这些新事物总会希望去探索、尝试一下，这样他才会获得生活的体验。如果父母过多地保护孩子，剥夺了孩子探索和尝试的权利，那么孩子就无法深刻地了解事物。因此，家长不要剥夺孩子自由探索的权利。

2. 给孩子自由的时间

尽管孩子还小，家长也应该给孩子一些独立支配的时间，让他们去做自已喜欢做的事，不管他们是玩耍、睡觉、看电视还是发呆。孩子拥有自己的时间，才能够满足自我发展的需要。

3. 不要给孩子设置"鱼缸"

很多父母都希望自己的孩子是最优秀的，但他们很少真正考虑孩子的特长和优点，按照孩子的天性来培养孩子。有些家长总是按照自己的意愿为孩子设计将来，给孩子设置好"鱼缸"，但这并不利于孩子的成长。

四、洛克定律：有专一的目标，才有专注的行动

在教育孩子方面，许多家长总是用名人做榜样来激励自己的孩子，但还是经常半途而废，不能让孩子持之以恒。孩子之所以没有获得成功，很多时候不是没有天分，而是因为努力不够，不够坚持。

肖雪说，她让女儿学了四年的小提琴，最后还是没有坚持下来。现在，女儿不想学小提琴了，想要学绘画。孩子之所以会放弃四年的努力，一方面有兴趣的原因，另一方面也是因为家长当初的决定有些草率。肖雪很后悔自己一开始没有好好分析孩子的特长就选择了孩子努力的方向；也很后悔坚持了四年之后，又让孩子重新开始，浪费了孩子的时间和精力。

孩子行为心理解读

美国管理学家洛克提出：有专一的目标，才有专注的行动。这一法则特别适用于亲子教育，想要获得成功，必须一个奋斗目标。但所制订的目标一定要切合实际，并不是目标越高越好。每个人的特点并不相同，总有些别人无法模仿的优势。在制订目标时，要好好地利用这些特点和优势，制订适合自己的高目标和实施目标的步骤。

对孩子来说，在实施目标时，只有当每个步骤既是未来指向的，又是富有挑战性的时候，它才是有效的。

现实中，很多父母都希望自己的孩子能够让自己满意，成为自己所预想的模样。其实这是不对的，孩子应该成为能够成为的人，而不是父母所想的人。孩子的思维非常活跃，很容易理想泛滥，今天想成为老师，明天想成为

音乐家，这并没错。但是如果孩子不能锁定一个目标，经常改变理想，每个兴趣都坚持不了几天的话，最终可能一事无成。

因此，在制订目标时，父母要和孩子进行"磋商"，帮助孩子制订合适的目标，并给予孩子适合其成长的条件，这样才能收到满意的效果。

俄国著名生物学家巴甫洛夫在临终前，曾有人向他请教如何取得成功，他的回答是："要热诚而且慢慢来。"他所说的"慢慢来"有两层含义：一层是做自己力所能及的事；另一层是在做事的过程中不断提高自己。对于目标来说，就是一定要制订得适当，既要让人有机会体验到成功的欣慰，不至于目标高不可攀感到失望，又不能让人毫不费力就轻易达到目标。"跳一跳，够得着"，才是最好的目标。

儿童心理专家支招

俗话说："千里之行，始于足下。"要想实现自己的人生目标，就要有脚踏实地的苦干精神。因此，家长一定要帮助孩子，让孩子选择适合他的人生目标。

能够让孩子长久保持热情的最好方法，就是为孩子制订一系列"跳一跳，够得着"的阶段性目标。踏踏实实地完成每个阶段目标，离最后的成功也就不会太远了。

五、甘地夫人法则："挫折教育"必不可少

一对夫妻四十岁才得子，所以对儿子非常宠溺，但过度的宠溺反而让孩子做事毛毛糙糙，就连走路也走不好，时常跌倒，父母很是担心。儿子刚上小学时，顽皮的他走路喜欢东张西望，不是弄湿了鞋子，就是弄脏了裤子，哭鼻子成了家常便饭。

为了让儿子改掉坏毛病，爸爸在儿子放学回家必经的田埂上挖了十几道缺口，然后用棍棒搭成一座座小桥，想要顺利通过就必须小心谨慎。放学回家时，儿子看到那么多小桥，特别想哭，但四周没有人。他第一次没有哭鼻子，鼓起勇气晃晃悠悠地通过了小桥。到家后，儿子向爸爸讲起回家路上的遭遇，脸上满是神气。

这个孩子就是"经营之神"松下幸之助，而父亲的挫折教育也让他一生受用。

孩子行为心理解读

甘地夫人是印度一位非常杰出的女性。她不仅对印度有着伟大的贡献，也是孩子心中最好的导师。

甘地夫人认为："教育的目的是培养孩子健全的个性，使他们以后能够从容不迫地适应生活中的各种变化。父母对孩子真正的爱并不是迁就孩子，让他们随心所欲，而是随时约束和教育他们，帮助孩子发展自我克制的能力，加强他们的品行的培养。"

有一次，甘地夫人的儿子拉吉夫生病，需要手术治疗。对于手术拉吉夫是紧张、恐惧的，原本医生打算说一些善意的谎言安慰孩子，让孩子不要害怕，但甘地夫人认为，孩子应该知道他要面对的手术，应该勇敢地承受这一切，所以她选择将事实告诉孩子，并鼓励拉吉夫勇敢地去面对。

孩子在成长过程中不可能永远都是一帆风顺的，总会遇到许多问题、困难和挫折。而这些并不会以人的意志为转移，也不是父母时刻呵护就能避免的。家长有必要让孩子明白，挫折是人生正常的"待遇"，拒绝挫折就是拒绝成功。如果孩子不能面对挫折，也就不会取得成功。

现如今，很多孩子都是独生子女，家长总是担心孩子会吃苦，从小就对孩子娇生惯养，从而使孩子养成了一些不良习惯。当孩子离开父母后，他们便没有办法独立生活。更为严重的是，有些孩子不但吃不得苦，而且心理承受能力极差，遇到一点儿困难就沮丧、想不开，甚至采取一些极端的行为。

因此，家长们都应该懂得：克服困难，正确面对失败、挫折是孩子人生成长的必修课。家长要想办法让孩子走出大人的"保护圈"，切不可把孩子成长过程中的困难都解决掉，而要让他们在生活中接受困难的挑战，培养出坚强的意志。

儿童心理专家支招

挫折教育可以让孩子学会自控，使孩子拥有坚强的意志，提高孩子的个性品质，对孩子的生活有着十分重要的意义。在对孩子进行挫折方面的教育，培养孩子的坚强性格时，父母应注意以下几点。

1. 给孩子灌输遭受挫折的思想

现实生活中，不遭受挫折是不可能的，所以父母要给孩子灌输遭受挫折的思想，让孩子有充分的心理准备，不至于在遭到挫折时过分紧张。而且要教育孩子在任何情况下都要有敢于面对现实的勇气，在逆境中也能够顺利走出来。

2. 让孩子适当地吃点苦

有时干巴巴的道理，孩子并不能听得进去，所以父母可以适当地让孩子吃点苦，让孩子在生活中体会挫折。比如，在保证安全的情况下，带孩子去爬山，让孩子在艰苦的条件下体验"生存"，可以得到一定的锻炼。

六、标签效应：请给孩子贴上积极正向的标签

鹏鹏上幼儿园时表现得很积极，可是妈妈第一次参加家长会时，幼儿园老师对她说鹏鹏有多动症，根本坐不住，还建议妈妈带鹏鹏去医院检查一下。回家后，鹏鹏问妈妈老师说了些什么，妈妈很难过，差点哭出来。

因为老师说在全班的小朋友中，鹏鹏的表现是最差的，而且老师的态度特别不好。但是为了不打击孩子，妈妈说："老师表扬了你，说鹏鹏原来在板凳上坐不了一分钟，现在能坐三分钟了，全班只有鹏鹏进步了。"鹏鹏非常高兴。

又一次家长会上，老师说："鹏鹏数学考试考了倒数第二。我们怀疑他智力有些问题，您最好能带他去医院查一查。"回家的路上，妈妈哭了。

但回家后她对鹏鹏说："老师对你充满信心。他说你并不是个笨孩子，只要能细心些，会考得很好。"鹏鹏听了之后，暗淡的脸上有了笑容，之后学习也很努力。这样坚持了一年后，奇迹发生了：鹏鹏考进了全班前五名。

孩子行为心理解读

鹏鹏在妈妈的正面评价中，慢慢向好的方面发展，这都是受到了标签效应的影响。所谓的"标签效应"，是指当一个人被一种词语名称贴上标签时，他就会做出自我印象管理，使自己的行为与所贴的标签内容相一致。

小孩子很容易受外界的影响，他们的情感态度是非常直接的，外界给他们贴上什么标签，他们就会向着标签的方向走。如果外界给他贴上"乖孩子"的标签，他就是个乖孩子，就会表现得很乖；如果外界给他贴上"坏孩子"的标签，他就可能会打人、骂人，做出一些让人生气的事情来。

心理学认为，之所以会出现"标签效应"，主要是因为"标签"具有定性导向的作用，无论是"好"是"坏"，它对一个人的"个性意识的自我认同"都有强烈的影响作用。给一个人"贴标签"的结果，往往是使其向"标签"所喻示的方向发展。

不管外界给孩子贴的标签是正面的、积极的，还是反面的、消极的，孩子都可能朝着所贴标签内容的方向行动。因此，家长应该及时给孩子贴上正面标签，哪怕是一个让人伤透脑筋的孩子，也不要放弃，找准一个闪光点，把这个亮点放大，他就会向着你期望的目标一步一步靠近。

儿童心理专家支招

可以说，如果能够好好利用"标签效应"，我们的孩子就会健康成长，并成为一个优秀的人。

因此，家长要给孩子积极的心理暗示，给孩子贴上积极的标签，用积极的思想、语言不断提示孩子，克服悲观、沮丧和恐惧心理，让孩子精神振奋。家长要让孩子觉得自己是个优秀的孩子，而且如果把不足改掉之后，能够变得更加优秀。家长的正面标签能够提高孩子的自信心，让孩子有前进的动力。

实战篇

他们胆小畏缩，他们暴躁易怒，他们难缠任性，他们自私霸道，他们行为怪异，他们有时爱出风头，有时又成了"宅宝宝"……面对孩子的种种行为，做父母的常常会感到困惑。本篇我们将讲述孩子身上可能出现的典型心理问题，并帮助家长解读孩子的心理行为，供家长对号入座，如果自己孩子出现这些问题，家长也可以做到游刃有余。

在众多的独生子女中，有些孩子活泼好动，敢说敢做，什么都不怕；但有的孩子很胆小，平时沉默寡言，什么都害怕，一盆水都能吓得哇哇大哭，没有同龄孩子那种爱动、贪玩、好奇的特点。造成孩子胆小怯懦性格的原因是多方面的，有时是由于缺少安全感，有时是由于本能反应，有时是受刺激所致。因此，父母不能简单粗暴地对待胆小的孩子，而是要了解原因，正确地引导、教育。

第七章

孩子"胆小"怎么办——
心理学教父母处理畏缩心理

一、不想去幼儿园：是害怕分离还是缺乏安全感

浩浩已经 3 岁了，可以上幼儿园了，浩浩的妈妈想，这下自己可以轻松了。但无奈的是，浩浩并不想去幼儿园。第一天就在幼儿园一直哭，之后每次只要往幼儿园的方向一走，浩浩就边哭边喊："不要！妈妈，不去幼儿园，不去……"

刚开始，他们觉得浩浩可能只是认生，不愿意和小朋友玩而已。转眼两个月过去了，浩浩还是老样子，一说去幼儿园就没命地哭。但浩浩平常看起来挺大胆的，为什么不愿意去幼儿园呢？这可愁坏了浩浩的爸爸妈妈。

孩子行为心理解读

孩子不想去幼儿园，表面看来，有人会觉得孩子可能是胆小，离不开父母，但深究起来还有其他原因，如孩子不适应幼儿园的环境，或与父母分离焦虑。而这种分离焦虑，通常是孩子缺少安全感的表现。

缺少安全感的孩子，一旦离开感觉安全的环境就会紧张、不安。为什么会这样呢？一般情况下，3~4 岁的孩子都会和父母在一起。如果突然离开父母到一个陌生的环境生活，就会没有安全感，产生恐惧心理。

许多孩子都存在安全感缺失的情况，如果父母不能进行正确的引导，孩子很可能真的成为一个"胆小鬼"。要正确引导孩子，一定要了解他们为什么会出现安全感缺失的原因。

1. 父母教育方式不当

孩子之所以会缺乏安全感，有时与父母的教育方式不良脱不了关系。如一些妈妈经常说"不听话，就把你自己关屋里""你再不听话，妈妈就不要你

了"之类的话。其实妈妈只是想让孩子听话，但这些话反而会给孩子造成一定程度上的心理伤害。

2. 孩子与父母相处时间少

有些父母工作忙没时间，孩子从小就由保姆或爷爷奶奶照顾。从心理学的角度来说，0~3岁是孩子建立安全感的时期，而这时孩子最需要的角色是妈妈。如果孩子与父母相处的时间少，就会导致安全感缺失。

3. 对孩子太过溺爱

不仅父母和孩子相处时间少会引起孩子安全感的缺失，家长对孩子太过溺爱，同样也会引起安全感的缺失。因为溺爱，孩子的内心没有获得过锻炼，与父母在一起已经成了习惯。当要打破这些习惯的时候，孩子就会有些适应不了。

儿童心理专家支招

儿童心理学家认为，孩子在7岁之前应该建立良好的安全感，如果没有建立很好的安全感，孩子的心理就会受到影响。对于缺乏安全感的孩子，如果父母置之不理，他们可能真的会成为"胆小的孩子"。那么，如何才能帮孩子建立安全感呢？

3岁之前，最好的方法就是用一对一的抚养方式，即由妈妈带。因为这一年龄段的孩子正处在亲子关系依恋的关键期，孩子见不到妈妈，必然缺少安全感。因此，建议3岁之前不要把孩子送幼儿园或交由他人带。在孩子3岁后，要多与孩子交流，常陪孩子聊天，并鼓励孩子发泄不良情绪。

二、一考试就怯场：詹森效应造成的怪现象

读小学一年级的靓靓是个非常聪明的孩子，别看年龄不大，会背的唐诗却不少，英语成绩也不错。而数学更是她的强项，老师在课堂上提的问题她基本上都能回答。

尽管如此，可是每次考试后她都一副很不开心的样子。靓靓的妈妈知道，

她肯定又没有考好。为了搞清楚孩子考试成绩不理想的原因，靓靓的妈妈还特地去学校了解。原来，靓靓考试的时候并不像平时那么乖巧，而是一会儿左看看，一会儿右看看，紧张得不行。

虽然靓靓现在还小，成绩并不是最重要的，但长期如此，靓靓的心理素质能提高吗？

孩子行为心理解读

孩子一到考试就怯场，说明孩子心里紧张。人们对于某些人、某些场合感到紧张是一种正常的心理反应。但如果孩子在某些情况下过于紧张，比如平时学习非常好，待到考场上时就紧张，经常考试失利，父母就要引起注意了。

顾名思义，怯场是在特定的场合表现出的胆怯心理，以及由这种心理所引发的一些紧张的情绪与行为。心理学家认为，怯场是一种短暂性的心理失常现象，是由于各种原因造成情绪过度紧张所致。比如，考试怯场就表现为，原来已经熟记的材料、熟练的动作不能重新回忆、再现或再做。

有的孩子则表现为一到陌生场合就非常紧张。比如，有的孩子平时很大胆、很活泼，但一到人多的地方，就变得沉默寡言。

从儿童心理学来看，小孩子怯场是典型的"詹森效应"。什么是"詹森效应"呢？其实，"詹森效应"这种心理现象出自一个真实的故事：詹森是一名运动员，平日里训练有素，实力也很强，但一上赛场就连连失利。其实，这种情况的出现主要是压力过大、过度紧张所致。自此，人们就把平时表现良好，但由于心理素质不好而导致正式比赛失败的现象称为"詹森效应"。

当然，使孩子怯场的原因有很多，最主要的还是平时与外界接触少。当然，这也与父母的教育方式有关，如有的父母对孩子管教太严，家里有客人时，严禁孩子在客人面前捣乱，还会给孩子定许多规矩，孩子经常因此受到惩罚，这就导致孩子怯场或在陌生的环境中紧张。

儿童心理专家支招

不同的孩子怯场的表现也不尽相同，而儿童心理学家按照怯场程度的不同，把怯场分为轻度怯场、中度怯场和重度怯场。重度怯场甚至会出现头晕、目眩、心悸、恶心等症状。因此，孩子出现怯场的情况时，家长千万不能掉以轻心。如何才能帮助孩子走出"詹森效应"的心理怪圈呢？以下几点家长们可以尝试一下。

1. 淡化效应

许多父母会在孩子考试之前千叮咛万嘱咐，考试的时候要这样不要那样，其实这不仅帮不到孩子，还容易给孩子造成心理压力。殊不知，父母说得越多，考试时刺激孩子产生紧张情绪的信号就会越强。因此，考试前尽量少在孩子面前提考试的事，这样才能淡化考试这件事，不给孩子造成心理压力。

2. 巧用注意力转移法

如果孩子在考试之前特别紧张，可让孩子听听音乐，或玩玩具等，运用"转移注意力"的方法缓解其紧张情绪。同时家长也可以教孩子一些考试时放松的技巧。

3. 做好充足的准备工作

有些孩子考试紧张，是因为发现自己带的用具不够或不是自己熟悉的。因此，考试前天晚上要让孩子将该准备好的用具准备好。家长还要告诉孩子，如果考试时出现问题，可以向老师求助，不要太过紧张。

三、紧张时就会吃手：他的心中很不安

远远快 4 岁了，不知不觉中还是会把手放进自己的嘴里。每次看到儿子吃手，妈妈就会到他身边，说："远远，不要把手放进嘴里，手上有很多细菌，手放进嘴里就有很多细菌跑到你嘴里，然后跑到你肚子里，就会生病。知道了吗？"他乖巧地点点头说"知道了"，并把手拿了出来。可是过不了多久，他又把手放进了嘴里，实在是没有办法。

有时妈妈看着觉得烦了，就直接把他的手拿出来，反复几次之后，远远就会大哭。为此远远的妈妈很苦恼，到底这么大的孩子吃手应不应该干涉呢？

孩子行为心理解读

儿童心理学家认为，从孩子成长的特点来看，孩子吃手指头是发育过程中一种正常的行为。吃手指头会让孩子长本事，小孩子吃手指头、啃玩具可以锻炼大脑与肢体肌肉。因此，孩子在 2 岁前吃手指头，父母不必太着急，因为这种行为会随着年龄增长自然消失。

但如果孩子 3 岁还吃手指头，父母就要引起注意了，因为到这个年龄还吃手指头，有可能是缺少安全感的一种表现，通过吃手指头的方式自我慰藉。

儿童心理学家认为，孩子在成长的过程中需要的不仅是物质上的满足，还需要亲情，需要心理安全，所以当孩子缺乏安全感时就会变得很黏人，强烈地依恋父母或其他养育者，一般孩子缺少安全感是由于不良环境所导致的。

1. 受生理、心理虐待

有些父母并不能很好地处理自己的情绪，总是把工作中的情绪带回家。工作不顺心，回家就不给孩子好脸色，冲孩子发脾气。这样就等于家长将受挫感通过生理、心理的虐待施加给了孩子，让需要关心的孩子缺少安全感。

2. 得不到认可

生活中，孩子最希望得到的是父母的认可与赞赏，但很多父母并没有固定标准来评判儿童的行为。父母高兴时，孩子做得再差也是好的；父母不高兴时，孩子做得再好也是错的。生活在这种环境下，孩子大多会缺少安全感。

除此之外，家庭内部的问题，如父母不和、离异等，都可能让孩子感到恐惧，从而缺乏安全感。

儿童心理专家支招

如果发现孩子缺少安全感，家长一定要多关爱孩子，并帮助孩子进行心理疏导。具体可以参考以下几种方法。

1. 赞赏激励法

父母对孩子要多些宽容，孩子做了错事，少指责；做了好事，要多表扬。当着孩子的面表扬其他孩子时，要注意自己的孩子反应怎么样，让孩子学会坚强。

2. 游戏法

平时父母可以与孩子玩游戏，用玩具来进行角色扮演，引导孩子说出自己的真实想法。如果孩子有不良情绪，要问清原因，以此为契机加以引导，让孩子感受到父母的爱。

3. 巧用爱抚效应

一般在孩子情绪不良时，拥抱最能稳定孩子的情绪，所以在孩子感觉不安时，父母可以先拥抱或抚摸他的后背。

四、害怕一个人去洗手间：刺激型胆小

最近，4岁的兜兜每次去外婆家都特别不乐意，兜兜的妈妈觉得很奇怪，以前每次去外婆家兜兜都很高兴啊，这到底是为什么呢？

这天，兜兜的妈妈终于发现了原因。兜兜刚到外婆家的时候玩得还很高兴，但一会儿想去厕所了，就跑过来叫妈妈："妈妈，我要上厕所！"

妈妈让兜兜自己去，也没有多理睬。结果，兜兜又跑到外婆面前："外婆，我要去厕所！"外婆只当是孩子好玩，告诉自己一声，就只是点了点头。

结果过了一会儿兜兜又来叫妈妈。兜兜的妈妈觉得很奇怪，这都十几分钟了，儿子怎么还没有上厕所呢？在妈妈的追问下，兜兜才说自己不敢去卫生间："卫生间有老鼠，它会咬我的。"

兜兜的妈妈这才记起来，一次他们在外婆家的厕所发现了一只老鼠。可能是因为这样，兜兜才不敢一个人去洗手间了。

孩子行为心理解读

孩子胆小的表现不同，原因也不尽相同。有的孩子胆小是天生的，但有的孩子是在遭到惊吓、刺激之后才胆小的，这属于"刺激型"胆小。

"刺激型"胆小在 2~7 岁的孩子中比较常见，因为这个年龄段的孩子有了一定的判断力和明显的记忆力，能记住生活中的小事。一般来说，孩子产生"刺激型"胆小是与其经历以及父母不当的教育方式分不开的，他的经历使刺激物和反应之间建立了一种非常稳固的联系。因此孩子一见到相应的刺激物，就会立刻产生某种特定的反应。

下面具体分析一下孩子"刺激型"胆小的原因。

1. 不愉快的经历

3 岁左右的孩子，好奇心比较强，喜欢探索，什么事情都要去看一眼、摸一下，但探索的过程中也会发生一些意外，如因为玩水而摔倒、因为摸小动物而被咬。这些不愉快的经历会让孩子意识到："这些东西会伤害我。"再加上大人劝告"以后不能这么做了"，"刺激型"胆小的情况就会出现。

2. 个性敏感

有些孩子内心是比较敏感的，可能别人无意间的一句话都会让他受刺激，从而变得胆小害怕。

3. 不当的教育方式

许多家长在教育孩子时并不能很好地了解孩子的心理特点，常常用不当的方式与孩子相处，如在孩子不听话的时候，有些父母不问原因，只是用语言吓唬孩子。

儿童心理专家支招

父母该如何对待受刺激后变胆小的孩子呢？其实，不妨试试以下几个小妙方。

1. 给孩子打心理预防针

有时候孩子会受到惊吓，是因为没有做好心理准备。想要减少孩子因为突发事件受到惊吓的情况，父母要提前告诉孩子可能会遇到的情况，给孩子打心理预防针。

2. 巧用鼓励效应

在孩子因为某些事情而产生恐惧时，父母应该鼓励孩子勇敢地面对，不要逃避，同时还要教孩子一些安全常识。

五、一见水就怕：不敢尝试的畏缩心理

夏天的北京非常闷热，有时会让人有喘不过气来的感觉，所以天天的妈妈就给他买了个儿童专用的游泳池，既可以畅游一番，也可以解暑。

回家之后，天天的爸爸把游泳池充气、灌水、放游泳圈，一番忙碌之后，终于可以使用了。但天天本来就有点怕水，让他进去真的可以吗？结果天天一听爸爸说游泳，赖在屋子里就不出来了。好不容易被爸爸从屋子里"请"了出来，可天天一看到游泳池，立刻就往后缩，眼中充满了恐惧，想要跑回房间。之后，不管爸爸妈妈如何劝说，他也不敢尝试一下。

孩子行为心理解读

生活中，我们经常可以看到像天天这样怕水的孩子。他们的表现多为怕洗澡，看见浴盆就哭。如果带他们去公园，他们也多不敢站在湖边戏水。如果孩子身体健康，怕水就是一种心病，也就是心理学所说的"恐水症"。之所以有此症，是由于孩子对水有恐惧心理。

在婴幼儿时期，孩子们多多少少都会有"恐惧心理"。而且随着他们对世界的认识的增多，从懵懂到初步认识，他们恐惧或害怕的东西也会增多。

孩子之所以胆小，不敢尝试新事物，是由多种原因造成的。

1. 处于自我保护的本能

小孩子在认识世界的过程中会不断地接触危险事物。因此，当孩子面对

新的环境、陌生的人时，已有的某些经验会让孩子变得小心，甚至有些担心，表现出来的状态就是胆小。其实，这只是孩子本能的自我保护行为。

2. 尝试之后留下心理阴影

小孩子好奇心强，总喜欢尝试一些事物，但这些尝试的过程并不都是美好的。有时孩子在尝试的过程中受到伤害，就会对这件事情产生恐惧心理。

3. 不适感产生抵触心理

孩子之所以会怕一些东西，可能是之前接触这类事物时曾经产生过不适感，所以对于这类东西会有排斥的心理。

儿童心理专家支招

日常生活中，孩子害怕尝试新鲜事物，是正常儿童发育中的一种体验，是儿童的一种健康反应。从儿童心理学角度来说，惧怕心理的产生主要是因为孩子没有足够的心理准备和自我说服力来接受突然发生的情况。当然，孩子有惧怕心理，有时也与父母过度保护有关。这种情况比较多出现在 2~5 岁的孩子身上，也有的孩子上学之后还是不敢去尝试一些平常的事物。

一般来说，随着年龄的增长与能力的提高，孩子的惧怕心理会有所缓解。但如果恐惧心理严重且持久，经常感到焦虑，好哭而且敏感，那就应该向专业的心理医生寻求帮助了。而且父母一定要注意孩子的教育方式。平时不要大声训斥孩子，因为小孩子易受条件反射的影响，父母越大声训斥孩子，孩子只会更加紧张害怕。

六、一出门就退缩：警惕孩子退缩性行为

阳阳已经 3 岁半了，长得虎头虎脑的，在家天不怕地不怕，整天拿着"冲锋枪"，让爷爷奶奶"举手投降"。不知道的人都觉得他肯定是一个活泼开朗、落落大方的小男孩，可实际上他的活泼开朗、落落大方仅局限在自家之内。为什么这么说呢？因为他一出门就"不大方"了。无论是去学校，还是去小朋友家玩儿，他表现得都像个小姑娘，甚至小姑娘都比他大方。

一次，妈妈带着阳阳在公园玩儿，恰巧碰到了同事和她的女儿优优。一路上，优优特别活泼，蹦蹦跳跳地带路，碰到熟人还主动打招呼，人们都夸小姑娘懂事。可阳阳的表现却非常扭捏，一会儿躲在妈妈身后，一会儿又要妈妈抱着，看到熟人也不打招呼。当妈妈不同意抱他的时候，他就哭了起来。为此，阳阳的妈妈觉得很丢脸。

孩子行为心理解读

阳阳为何不大方呢？当然是由于到了陌生的环境里，有些认生。其实，很多像阳阳这么大的孩子都会有这种情况，如让他跟陌生人打招呼，他就会躲到大人后边，怎么也不肯大大方方、有礼貌地称呼人。

一般来说，孩子在几个月的时候就开始认生了，3岁之后情况会有所好转，但也有些孩子3岁以后更加严重。这些孩子平时在家非常活泼，一副小大人的样子，但一到了外面，立马像变了个人，说话做事扭扭捏捏，还经常哭哭啼啼，在家里的那种活泼劲儿荡然无存。孩子会出现这样的情况，主要是由于他们生性比较害羞，是一种退缩性行为。

孩子为什么在家与在外表现迥然不同呢？儿童心理学家认为，这主要是个性和环境造成的。如果父母太过溺爱孩子，对孩子百依百顺，这些孩子在家就什么都不怕，表现得活泼大方。但如果对孩子过于保护，很少带孩子出门，那么偶尔带孩子出门时，孩子就会表现得过于扭捏、不大方。

儿童心理专家支招

对于"不大方型"害羞的孩子，如果父母不加以引导，长大后往往会出现自卑、害羞、自闭的心理倾向，给他们的生活、工作、交际带来很大的影响。如果孩子超过3岁还有这种情况，家长可以参考以下几点。

1. 别给孩子提太多的要求

有些父母带着孩子出去时，总要求孩子"叫叔叔""给阿姨唱首歌"等。对于生性开朗的孩子来说，这并不是什么难事。可对于"不够大方"的孩子来说，这些要求比登天还难。因此，父母引导孩子应该从简单的开始，如"给叔叔搬个凳子"等。

2. 别让孩子突然接近陌生人

家中如果要来客人，妈妈就要提前告诉孩子，并教他如何与客人打招呼，这样就能避免孩子因为不知如何应对而出现不大方的情形。

3. 借用激励效应

如果孩子"不够大方"，父母也不要当场、事后给予难堪和指责，最好的做法是鼓励孩子，用激励效应让孩子再接再厉。如果孩子表现不错，也要及时鼓励和赞美，帮助孩子建立自信心。

孩子易怒是让很多父母头痛的一件事。做家长的也知道，如果任由脾气的洪流冲出理智的堤坝，后果是不会好的。而且，也没有谁愿意总待在像"易燃品"一样脾气暴躁的人身边。可是有些孩子不知从何时开始变成了暴力宝宝：攻击同伴、摔打玩具、拍打家长，稍微不如意就发火。面对这些易怒宝宝，怎样才能引导他们不再暴力呢？这就需要家长了解儿童心理学了。

第八章

孩子易怒怎么办——
心理学教父母处理暴力心理

一、不让玩就打人：正确疏导孩子的焦虑

丁玲的女儿茜茜在读小学三年级，别看茜茜是一个女孩，却让丁玲头痛不已。因为这孩子脾气实在太大了，稍不如意就大喊大叫，还打人。

一天，茜茜放学回家就要玩游戏，丁玲想让她写完作业再玩，结果却招来茜茜的大喊大叫："不行，不行！我就玩！现在就玩！"边说边拿书本砸妈妈。听到母女俩争执，茜茜的奶奶赶紧出来调停。奶奶一来，丁玲就没辙了，因为茜茜从小跟着爷爷奶奶，爷爷奶奶特别宠爱她，什么都顺着她。

丁玲很无奈，但想到茜茜稍不如意就大喊大叫，动辄打人摔打东西，就觉得这孩子必须好好管管了。

孩子行为心理解读

孩子有不良情绪时，哭闹是一种普遍的宣泄方式，但是有些孩子表现出来的则是摔东西、打人，这就需要引起家长的注意了。因为孩子摔东西、打人，都属于攻击性行为，而攻击性是一种稳定、持续的特性，长大后可能出现暴力倾向。

对于易怒孩子，家长需要重视，但也没有必要大惊小怪。因为孩子在发泄不良情绪时，做出打人这样的暴力行为，其实并不是示威，而是心中的怒气已经到达顶点，必须要发泄出来而已。

想要改变孩子的攻击性行为，家长首先要找到孩子盛怒的原因。从心理学的角度来看，孩子的盛怒往往是由以下原因形成的。

1. 娇惯

通常，孩子发脾气是因为自己的需求没有得到满足，所以会做出攻击性

行为。3岁以前的孩子，凡事都以自己为中心，自己喜欢的就必须得到，还不能换位思考，无法体谅、理解别人。但是 3 岁以后，如果孩子还是以自我为中心，一旦得不到满足就生气、哭闹甚至打人，家长就应该检讨自己平时是不是对孩子太娇惯了。

2. 情感"饥饿"

1~2 岁时，孩子的自我意识开始形成。这个年龄段的孩子十分需要家人的关注，如果需求得不到满足，情绪就可能出现波动，变得焦躁、易怒，进而采取攻击性行为来吸引父母的注意。

3. 自控能力差

现在的孩子一出生就是家中所有大人的注目中心，几个大人一个孩子，很容易让孩子形成"唯我独尊"的意识，受不得一丁点儿打击，自我控制情绪的能力很差。

儿童心理专家支招

需要强调的是，如果孩子发脾气只是为了宣泄自己的负面情绪，对孩子的心理健康还是有益的。但孩子如果易怒，动不动就发火，甚至做出打人等暴力行为，是不利于孩子的成长的。

因此，对于易怒的孩子，家长需要帮助他们找到健康的宣泄情绪的渠道，帮助他们学会控制和调节自己的情绪，这样才能让孩子健康成长。

二、喜欢欺负小朋友：孩子的敌意型攻击要纠正

周三下午，张丽下班后去幼儿园接儿子比利放学。刚到幼儿园，比利的老师就把她请到了办公室——看来比利又惹事了。原来，比利把班上的东东给打哭了。最近比利特别爱发脾气，动不动就打人，这已经不是第一次了。

张丽听说儿子又打人了，气就不打一处来："气死我了！这孩子越来越不听话了，看我回家不收拾他！"

老师一听，赶忙说道："比利打人是不对，但你也不能打他，这样的教育方法是不对的。你应该多和孩子沟通，找找原因。"

回家之后，张丽问比利为什么打人，结果比利说："我只是看他不顺眼，我不喜欢他。"张丽无语了，这也是原因吗？比利才 5 岁就这么暴力，长大了还得了！

孩子行为心理解读

为什么孩子这么暴力，动不动就打人？美国心理学家威拉德·W·哈特普把孩子的攻击性行为分为两种，即敌意性攻击和工具性攻击。一般来说，年龄小的儿童出现的是工具性攻击，主要表现为争抢玩具和其他物品，但随着孩子长大，这种行为也会慢慢消失。

不过，有些孩子长大后会表现出以人为中心的攻击，他们不再只是抢夺物品，还会对人造成伤害，这就是敌意性攻击。虽然敌意性攻击要比工具性攻击恶劣，但对于学龄前的孩子来说，都不是品德问题。因此，父母不用着急，只要引导得当，孩子的攻击性行为就会得到改正。

从儿童心理学角度来看，孩子出现攻击性行为是一种必然。两三岁时，孩子的自我意识高速发展，认为所有好东西都应该是自己的，还不懂分享的他们，争抢过程中出现攻击性行为也是正常的。

但有的孩子攻击性行为比较"顽固"，动不动就打人，家长就要看看有没有以下几个原因。

1. 父母做了坏榜样

很大程度上，孩子出现攻击性行为是模仿父母的。如果父母经常打架或者打孩子，孩子就会有样学样，与别人相处不顺心就可能动手打人。

2. 不良环境、情绪的影响

有时候孩子因为长期处于缺少接纳、关爱、赞扬和肯定的环境中，时间长了，心理就会失衡；或者心中有不良情绪，又找不到合理的发泄渠道。这些都会导致孩子做出攻击性行为。

儿童心理专家支招

在孩子的成长过程中，3 岁之前的攻击性行为还算正常。但如果 3 岁之后，孩子还有敌意型攻击行为，父母就要引起重视了，否则孩子以后与人交往会出现问题。

因此，在生活中父母一定要给孩子树立一个积极、正面的榜样，不要在孩子面前吵架，或大声争论。特别是爱争吵、打架的父母，首先要改变自己的行为，以平和的方式解决争执，给孩子树立良好的榜样。对于犯错误的孩子，不要打骂要讲道理，帮助孩子宣泄不良情绪，用温和的方式来帮助孩子改掉坏毛病。

三、不给买就哭个不停：如何应对孩子在公共场合的哭闹

安安3岁了，正是长身体的时候，衣服很快就穿着小了。这天，吃过早饭之后，妈妈想自己偷偷溜出去给安安买几件衣服。因为安安有个坏毛病，到了商场看到什么都想要，如果妈妈不给买，就哭闹不休。

可妈妈的偷溜计划并没有成功，好不容易妈妈休息，安安当然黏着妈妈不放了。没有办法，妈妈只得再三叮嘱安安，到了商场不许乱要东西，安安痛快地答应了。到了商场刚开始还好，后来安安就忍不住了，又是要吃的，又是要玩具，妈妈不给买，就坐在地上哭。

看着执拗的儿子，妈妈又发愁了，这到底怎么办啊？

孩子行为心理解读

孩子在公共场合耍赖、哭闹往往会引来众人的注目，而这会让家长觉得自己特别没面子。而对于这样的孩子，不同的家长也会采取不一样的做法，脾气暴躁的家长可能在众人面前就会训斥甚至打孩子；有些家长则会选择息事宁人，满足孩子的所有要求。其实，这两种态度不但不能制止孩子的这种行为，还会进行负面强化。

小孩子因为心智还不成熟，所以表达自己情绪的方式也比较单一。因此，对于在公共场合哭闹的孩子，家长要学会从心理层面进行分析，不要觉得一次制止了就万事大吉。

不给买就哭闹不休，孩子在公共场合哭闹，一般有以下原因。

1. 自控能力差

现在很多家庭的孩子都是独生子女，父母往往倾注的爱比较多，对孩子提出的要求都会尽力满足。时间长了，孩子就不能接受父母的拒绝，自我控制能力差，一旦家长延迟或无法满足他的要求，就会招来孩子的大哭大闹。

2. 家长无条件的妥协

有些孩子到商场之后，看到什么都想要，尽管父母说过不同意，但如果他的哭闹可以让父母妥协，他就有了利器。很多孩子之所以屡屡在公共场合下哭闹，实际上就是源于父母的不断妥协。

儿童心理专家支招

针对孩子在公共场合无理哭闹的行为，家长可以从以下几个方面进行引导。

1. 对孩子的合理要求延迟满足

日常生活中，家长一定要想方设法培养孩子的自我控制能力。孩子的无理要求，父母要坚决拒绝；孩子的合理要求，也要延迟满足。当孩子知道自己的要求不能每次都得到满足时，他就会慢慢学会控制自己。

一般来说，孩子的自控力培养要从一岁开始，这样到两三岁时，面对父母制订的规范，孩子比较好接受。

2. 父母要说话算数

对于自控能力差的孩子，父母要说话算数，对孩子制订的规则不能轻易打破。父母说到做到，才能以此强化孩子的意识，让他慢慢学会自我控制。

3. 阳性强化法

阳性强化法就是在一种行为之后马上给予奖赏强化，这种行为就会增强。

因此，如果孩子守规矩、守约定，没有在商场乱买东西，没有无理取闹，一定要及时给予表扬，认同他良好的表现。

4. 出发时给孩子带上喜欢的玩具或者零食

出发时给孩子带上他喜欢的玩具和零食，可以让孩子在父母选东西的时候不无聊，避免他在商场哭闹。

四、我就不，我就不：孩子的倔强心理要理解

周日好不容易可以休息了，张宁想把家里打扫一下，好几天没有收拾了，屋子里又脏又乱。

但3岁的女儿欣欣想让妈妈带她去儿童乐园玩，抱着妈妈的腿纠缠不休。张宁无奈，只好和欣欣商量："妈妈上午打扫卫生，咱们下午再去，好吗？"但是欣欣一刻也不愿意等，尖叫着："我不，现在就去！现在就去！"

张宁说："这哪是个女儿啊，简直是个祖宗！"但又怕欣欣的尖叫声影响邻居休息，不得已只能妥协了。一路上欣欣是高兴了，张宁却心事重重，想着怎样才能纠正欣欣的这个坏毛病。

孩子行为心理解读

有些固执和任性的孩子不达目的就哭闹或尖叫不止，而家长往往表现得束手无策。那么，应对这样的倔强宝宝，难道我们只能选择妥协吗？千万不要一味地妥协，过分的纵容只会阻碍孩子的健康成长。

家有倔强宝宝，父母一定要先了解孩子固执、倔强的原因，弄清楚孩子到底是什么心理，再有针对性地进行解决。一般孩子固执、倔强的原因，可能有以下几点。

1. 自我意识增强

2岁左右的宝宝容易出现倔强的情况，在家庭教育领域，这被称为"难缠的2岁"。孩子2岁时自我意识逐渐增强，开始思考问题，并且开始有自己的观点，希望按照自己的方式去做事。

2. 受父母个性影响

在一定程度上，孩子固执、倔强是受父母的影响。有些家长在遇到问题的时候往往表现得很偏执，孩子长时间在这样的环境中成长也会学习，在需求得不到满足时，会采用同样的处理问题的方式，表现得倔强。

3. 孩子自身的个性特征所致

孩子犯倔，不听话，也有自身的原因，不同的孩子个性和气质也是不同的，这也可能导致孩子比较倔强。

儿童心理专家支招

虽然孩子固执、倔强会令家长头疼，但这种孩子自我意识强，好胜心也比较强。父母如果能够正确引导，可以培养孩子独立的性格和自信心。不要因为生气就非要把孩子的"棱角"磨平，这样不仅不会帮助孩子健康成长，亲子关系也会受到影响。

那么，父母如何才能正确地引导倔强的宝宝呢？

1. 要接纳孩子的倔强

当孩子因为需求没有被满足而犯倔时，家长不要暴力制止或者试图给他讲道理，首先要先用温和的语言以及肢体接触来接纳孩子，给孩子安心的感觉，不管孩子提出的要求是不是合理的。

2. 让孩子自由地去探索

0~6岁的宝宝有很强的好奇心，而他们认识这个世界的方式主要是靠触摸。因此，家长不要怕孩子玩得脏兮兮的而拒绝孩子正常的需求，要让孩子自由地去探索世界，这样不但能使孩子不再固执，还能培养其独立思考的习惯。

3. 让孩子脱离不良环境

在心理学上有个"暗示效应"，是指用含蓄的、间接的方式对别人的心理和行为施加影响，从而使被暗示者自觉地按照暗示者的意愿行动。孩子经常接触偏执的人，也会变得比较倔强。因此，要让孩子远离这样的环境，更多地接触那些宽容、平和的人。

五、我骂人是因为他随便碰我：教孩子正确处理与他人的摩擦

前几天，轩轩和邻居家的孩子闹闹一起玩，他们两个都 3 岁左右，经常一起玩耍。可这次，两个孩子玩着玩着，轩轩不小心用玩具汽车碰了闹闹一下。轩轩也没有在意，还继续玩自己的，但闹闹冲上来对着轩轩破口大骂。

听到孩子的吵闹声，正在聊天的两个妈妈赶紧跑了过来，闹闹的妈妈一看孩子在骂人就赶紧制止他。可是，闹闹却不服气："谁让他随便碰我了，我就骂他！"闹闹的妈妈听了很生气，上去就打了儿子一巴掌。但这一巴掌不仅没有结束这场争吵，反而使闹闹更哭闹不休了。

孩子行为心理解读

许多家长都会有这样的苦恼，不知从何时起，孩子开始学会了骂人，越阻止他反而越要骂。对于孩子的这种行为，有的父母偶尔说孩子几句，也不太在意；有的家长则对孩子严厉惩罚。其实这两种方法都不可取。在成长过程中，几乎所有的孩子都骂过人，教育孩子一定要讲求艺术。

要想很好地教育孩子，使其正确处理与他人的摩擦，一定要正确对待孩子的骂人行为，弄明白孩子为什么会骂人。其实，孩子骂人不外乎以下几种情况。

1．无是非观念

对于刚会说话的孩子来说，他并不明白这些脏话是什么意思，也没有是非观念。他们学骂人的一种普遍的心理就是别人骂，我也跟着骂。如果父母加以阻止，他们反而会更多地使用这种语言。

2．不良环境的影响

如果孩子生活的环境中，许多大人喜欢骂人，那么孩子难免受到各种不良言行的影响而爱骂人。

3．被迫骂人

有些小孩一起玩的时候发生了矛盾，受了欺负，会以牙还牙，通过骂人

来发泄不良情绪。因此，父母看到孩子骂人不能一味地训斥或打骂孩子，要先分析原因。

儿童心理专家支招

如果孩子是因为与其他小朋友发生矛盾而骂人，家长不能不问缘由地训斥孩子，也不能不分青红皂白地袒护孩子。父母一定要教育孩子正确对待与他人的摩擦，耐心地对孩子进行说服教育，让孩子学会谦让，理智地处理与小朋友之间的纠纷。与此同时，如果孩子在行为转变的过程中有所进步，父母也要及时给予鼓励，进行强化。

六、热衷于攻击性战斗游戏：合理引导孩子宣泄情绪

林林和瑞瑞是好朋友，两个小家伙经常一起玩。可是，最近两个孩子出现了一些问题。"哇！"林林又哭了。看着林林哭得很伤心，瑞瑞站在一旁手足无措。瑞瑞的妈妈听到哭声，赶忙过来把林林抱了起来："好孩子，这是怎么了？""瑞瑞打到我的头了。"瑞瑞的妈妈赶紧仔细看了看，还好没有什么事。

原来，瑞瑞和林林最近热衷于攻击性战斗游戏，经常拿着木棍当枪使，模仿电视剧中坏人与好人打斗。每次不是这个被打哭，就是那个被打哭。两个孩子哭闹，让几个家长烦不胜烦，生气了还会打孩子几下，警告他们以后不许拿棍子打架玩儿。但是，孩子总是左耳进右耳出，一会儿就又打起来了。

孩子行为心理解读

男孩子们大多喜欢玩战斗游戏，喜欢刀枪棍棒。为此，有些孩子可能会就地取材，把身边随处可见的东西，如筷子、勺子等当成武器，与其他的孩子去搏斗。孩子是玩得高兴了，可是家长们却提心吊胆，生怕孩子在这样的"战斗"中伤到自己或者别人。

家里有喜欢攻击性战斗游戏的孩子，家长烦恼也是没有用的，与其自己烦恼，不如先了解孩子为什么热衷于攻击性战斗游戏，读懂孩子的心理，才能想办法帮助孩子。

1. 生理基础的原因

心理学研究表明，男孩女孩的差别在很大程度上是由生理基础决定的，而且随着不断长大，差异会越来越明显。2 岁开始，男孩的运动能力就比女孩更强了，他们比较热衷于攻击性的战斗游戏。

2. 释放情感的需要

孩子之所以爱玩战斗游戏，很大程度上是为了释放情感，他们的目的不是伤害别人，这就和女孩喜欢聊天是一样的。

3. 模仿心理

许多男孩子喜欢强有力的形象，如奥特曼、蜘蛛侠等，有时打斗内容的动漫看多了，孩子也会有样学样，对动漫中的英雄形象进行模仿，与同伴进行打斗。

儿童心理专家支招

家长对于孩子热衷攻击性的战斗游戏，一边担心孩子会伤到自己或同伴，一边又担心孩子养成爱打人的坏习惯。那么，父母只能束手无策吗？当然不是，心理学家建议家长可以采取以下几个方法教育孩子。

1. 为孩子提供安全的战斗玩具或场所

男孩子天性喜爱攻击性的战争游戏，对于这一点，家长不要遏制孩子的天性。如果担心孩子因此受伤，父母可以为孩子购买比较安全的塑料类于具。

2. 预料失控的局面

孩子在玩战斗游戏的时候，最好有大人在一旁保护，并且告诉孩子，这只是游戏，要注意安全，不要伤到自己和别的小朋友。如果孩子在游戏过程中发生冲突，家长要尽快把孩子分开。

3. 控制孩子看电视和打游戏的时间

现在许多电视节目和网络游戏中都存在战斗内容。因此，父母一定要严格控制时间，最好在两个小时之内，看多了这类节目，孩子也会进行模仿。父母要多让孩子看些内容健康、积极向上的节目。

父母常见错误做法（四）

◘ 过度保护

有时父母太注重孩子表面的需求，忽略了孩子的心理需求。当孩子想跑、想玩时，有的父母会害怕孩子受伤而禁止他。过分的干预会令孩子反感，也妨碍孩子潜能的发展。

◘ 父母无条件的妥协

有些孩子到商场之后，看到什么都想要，如果得不到满足就哭闹不止。很多孩子之所以屡屡在公共场合下哭闹，实际上就是源于父母的不断妥协。

孩子太难缠，他们固执、情绪化并且鬼灵精怪，家长、老师以及朋友都被他们耍得团团转。尽管他们难缠，但不可否认他们更有趣、更聪明。面对这样的孩子，家长不能听之任之，而是应该找寻孩子的任性之源，并对孩子进行积极的引导，改变孩子任性的心理，让孩子健康成长。

第九章

孩子难缠怎么办——
心理学教父母处理任性心理

一、穿衣爱磨蹭：纠正孩子的拖延症

菲菲 5 岁了，与很多同龄孩子一样，做事总是拖拖拉拉。因为这个坏毛病，菲菲的妈妈经常对她发火，但收效甚微。

一天，妈妈要带菲菲出去玩，妈妈去收拾东西了，让菲菲自己穿衣服。听到要出去玩，菲菲很爽快地答应了。可半个小时过去了，菲菲还坐在床上玩洋娃娃，根本就没有换衣服。妈妈看到后很生气，一把把洋娃娃扔到了沙发上，呵斥菲菲赶紧穿衣服，否则一个星期内都不允许出去玩。

可是，菲菲早就习惯了妈妈这一招，于是开始慢吞吞地穿衣服，一边穿还一边跑来跑去，10 分钟才穿好一件衣服。不管妈妈怎么说，菲菲都无动于衷，不得已妈妈只能亲自上阵，帮菲菲把衣服穿好。

孩子行为心理解读

菲菲穿衣之所以这么磨蹭，显然是做事拖沓或动作慢，这让菲菲的父母很烦恼。当然，有这种烦恼的不只是菲菲的父母，因为很多孩子都有拖延的毛病。

孩子做事慢与其成长的特点有关。如婴幼儿无论做什么都是慢吞吞的，这是孩子成长过程中的普遍现象，但有的孩子就是因为成长发育较慢而导致性子慢。除此之外，还有其他一些原因。

1. 孩子注意力不集中

孩子对周围的许多东西都很感兴趣，3 岁之前，孩子的注意力总会被眼前的事所吸引，而忘记自己该做的事情，从而浪费很多时间。

2. 缺乏兴趣

孩子对某件事情缺乏兴趣，也是出现拖延症的重要原因之一。对没兴趣的东西，就算家长强迫，他们也不会喜欢。

3．不良环境的影响

家庭环境对孩子有很大的影响，如果家庭成员中有性子慢的，孩子也可能会出现这种情况。

儿童心理专家支招

孩子拖延的情况不同，家长应对的态度也要有所不同。如果孩子是因为慎重仔细而动作缓慢，家长大可不必着急，这样的孩子做事大多认真、稳重；如果孩子因性子慢而做事慢、反应慢，家长则要多留意，否则会影响孩子今后的身体和智力发展。为此，儿童心理学专家建议家长试试以下几种方法。

1．比赛法

家长可以和孩子进行穿衣比赛，看谁穿衣比较快。如果孩子有进步，就给予奖励；如果没有进步，就不给予奖励。

2．制订规则

对于慢性子的孩子，家长要立点规矩，让孩子在规定的时间内完成某件事情。也许孩子刚开始做不到，但每次多少都会有所进步，几次下来孩子也能做得很好。

3．多锻炼孩子

有些家长对孩子太过宠爱，什么事情都帮他们做好，这样反而不利于孩子的成长。要让孩子养成自己的事情自己做的习惯，如让孩子自己穿衣服，熟能生巧，做事速度也会有所提高。还可以带孩子做些运动，增强孩子的反应能力，提升孩子的身体灵活性。

二、做事三分钟热度：培养孩子的专注力

已经 5 岁的杨萌，做什么事情都是三分钟的热度。每次妈妈买回来新玩具，杨萌都是满腔热情，但是等三分钟热度过去了，她便很快对玩具失去了兴趣。

不仅对玩具如此，杨萌在学校也是如此，每次上课她都不能像别的小孩一样好好听课。上课时，她不是东张西望就是搞小动作，有时候甚至会整节课都随意跑动，停不下来。周围稍微有点风吹草动就能引起她的兴趣。但她对任何事情都是三分钟热度，很难独立完成一件事情，这让父母和老师头疼不已。

孩子行为心理解读

杨萌的这些行为只是因为专注力差。所谓专注力就是指一个人能把视觉、听觉、触觉等感官集中在某一事物上，达到认识该事物的目的。杨萌的案例并不是个别现象，很多家长由于工作忙，没有时间关注孩子身心健康，在早期不能及时发现儿童专注力异常。

孩子做事三分钟热度，专注力不足的原因主要有以下三点：

第一，先天不足，一些剖腹产的小孩容易出现专注力不足的现象；第二，后天影响，大人的过多干扰，有些家庭中成员比较多，祖辈与父辈的教育观念不同，有可能导致儿童认知的混乱，造成专注力不足；第三，性格原因，孩子本身的性格特征也会影响专注力，一般来说，不按常规出牌，富有创造性的孩子专注力不如"乖"孩子好，如果不加引导或者引导不当，可能会造成孩子专注力差。

儿童心理专家支招

在和孩子的生活中，很多家长都在苦恼，孩子无论是做事还是待物都是三分钟热度。对于这样的孩子，家长一定要及时帮助他们改掉这个毛病。

1. 保护孩子的专注行为

专注是一种优秀的品质，因此，孩子一旦开始专注地去做某件事情，家长就不要以任何理由去打断他们。

2. 为孩子制订合适的目标

为了改掉孩子三分钟热度的坏毛病，家长应该为孩子制订一个适当的目标，让孩子能够品尝到成功的美味和努力的乐趣。这样，孩子就会对要做的事情产生浓厚的兴趣，才会有继续探索的动力。

3. 为孩子创造一个专注的环境

如果父母想要孩子养成持之以恒的习惯，就一定要为孩子创造一个专注的环境。比如，孩子玩玩具的时候，只给他一个玩具，不要一下子给他太多。这样他们的注意力才不会太过分散。

三、家有"马大哈"：让粗心、马虎的孩子细心点儿

田甜上一年级了。她平时学习成绩很好，但就是丢三落四，不是在学校把水杯、钥匙弄丢了，就是上学前把需要带的书本落在家里。幸亏学校离家近，每次忘带东西，还能跑回来拿。

一次，学校组织夏令营，妈妈一直嘱咐田甜千万别忘记带东西。田甜听得不耐烦，就说妈妈啰唆。

为了让妈妈不再唠叨，她一个劲儿地点头说自己知道了，可实际上她根本就没有把妈妈的叮嘱放在心上，简单收拾了书包就去学校了。结果，一个小时之后，田甜就气喘吁吁地跑回来了，原来她忘记带水壶。田甜的妈妈无奈地叹道："这可真是个马大哈啊！"

孩子行为心理解读

仔细观察我们的周围，其实有很多粗线条的马大哈。他们粗心、马虎、丢三落四，有时进屋后把钥匙落在门上，有时课本、作业也不知道丢在哪儿了，自己的东西总是随手扔，到用的时候找不到就开始着急。看到这些"马大哈"，他们的父母也会很头疼。一般，"马大哈"孩子有这样一些特征：粗心大意、独立性差、依赖性强、毛毛躁躁、没有检查的习惯等。

为什么家里的孩子会成"马大哈"呢？究其原因，主要是成长环境和父母不当的教养方式两方面导致的。

1. 与成长的环境有关

由于房价不断攀涨，导致一些家庭住房条件有限，家里人多但房间少。孩子在嘈杂混乱的环境中长大，就很难专心做事，容易养成粗心、马虎的习惯。

2. 父母的教育方式不当

孩子粗心、马虎，不仅与孩子的成长环境有关系，还与父母的教育方式有关。有些家长在孩子幼儿时期不注意对孩子进行专注力的训练，允许孩子一边看电视一边写作业，经常让孩子一心二用，就为孩子粗心、马虎埋下了隐患。

儿童心理专家支招

孩子粗心、马虎的毛病，不仅会影响他的正常生活，也会影响他的学习成绩，甚至有可能影响他将来的工作。这是大部分家长烦恼的原因。为了改善孩子"马大哈"的个性，让孩子细心点儿，儿童心理学家建议家长做到以下几点。

1. 让孩子养成有序生活的习惯

家长可以让孩子自小做些力所能及的事，养成有序的生活习惯。比如，让孩子养成自己的物品自己保管的好习惯。刚开始，孩子可能会没有条理，需要父母的帮助，但长时间下来，孩子就能够做到有条不紊。

2. 培养孩子的知觉辨别能力

孩子粗心、马虎与知觉辨别能力差是分不开的。因此，在孩子幼儿期，父母要多陪孩子学习或玩耍，让孩子关注细节，就可培养他们观察、比较的能力。

3. 培养孩子严谨做事的习惯

有时候孩子粗心马虎，不是能力不够，而是态度问题。因此，家长一定要培养孩子严谨做事的习惯，如果孩子做某件事情，第一次没有做好，可以要求孩子重新再来，直到达到要求，这样孩子以后做事情就会比较严谨。

四、就是不起床：纠正孩子赖床的坏习惯

早上，肖肖的妈妈很早就起床了。为了让儿子营养跟得上，早餐也准备得很丰盛，但每次肖肖都吃不了几口。这到底是为什么呢？

原来，肖肖现在有个赖床的坏毛病。每天早上闹钟响起，肖肖就像没听到一样继续睡。就算妈妈站在床前喊："儿子，起床了，再不起床就迟到了！"肖肖也只是翻个身，把屁股对着妈妈，一声也不吭。

妈妈看看表都快 8 点了，于是着急地摇了摇儿子，看儿子睁开眼睛，就去把早餐端上餐桌，让儿子赶紧穿衣服、洗漱。可是，妈妈回来的时候看到肖肖依然在床上睡得香甜。无奈之下，妈妈只得把肖肖给拉起来。

孩子行为心理解读

妈妈早上的时间就是打仗，不仅要把自己收拾利索了、做早餐，还要叫孩子起床，使尽浑身解数把孩子叫起来，孩子还要找理由哭上一场。每天早上，送孩子去幼儿园迟到，自己上班也迟到。每天都是在这样的匆忙、哭声中开始的。

其实，孩子赖床是多种原因造成的，父母不要因为孩子赖床就觉得孩子懒，每天不停地训斥或者打孩子，一定要找到孩子赖床的原因，再正确地引导孩子。孩子为什么会养成赖床的坏习惯呢？

1. 父母赖床导致孩子赖床

小孩子的生活规律完全受家长的影响，如果家长从来不按时起床，或者早起的积极性也不高，孩子就会和家长一样抵触早起，养成赖床的坏习惯。

2. 硬性纠正赖床让孩子抵触

如果家长不考虑孩子的生活习惯，只是不耐烦地批评、责怪孩子，就会让孩子有压力，甚至对父母叫自己起床产生抵触情绪，从而配合度下降。

3. 补偿心理会让孩子更痛苦

有些家长很疼爱孩子，总是给孩子最好的照顾，他们怕孩子上学以后早起要吃苦，就想在孩子上学之前随便让他们睡个够。殊不知这样只会害了孩子，他们可能会养成睡懒觉的习惯，上学后天天早起会让他们觉得很痛苦。

儿童心理专家支招

想要改掉孩子赖床的坏习惯不是一蹴而就的事，小孩子的生活规律很大程度上是受父母影响的，因此要改掉孩子赖床的坏习惯，应该从日常生活的点滴做起。

1. 父母以身作则

孩子容易形成赖床的坏习惯，很大程度上归因于家长本身不良的生活习惯。因此，家长要以身作则，改变自己日夜颠倒的坏习惯，为孩子树立好榜样。

这都几点了还不起床！

2. 适时鼓励

孩子容易从大人们的肯定中得到成就感，当孩子表现良好时，家长可以适当地给予物质或精神奖励，这对孩子而言有鼓舞的作用。

3. 家长不能一味妥协

父母在教育孩子时要坚守原则，切不可为了平息孩子一时的哭闹、耍赖而妥协，因为一旦轻易姑息孩子的恶习，以后就很难改正了。

五、孩子是个"冒失鬼"：这样让"冒失"的孩子慢下来

钊钊 4 岁半了，无论做什么事情总是心急火燎的，完全不考虑后果，就是个"冒失鬼"。有时候他做事不仅做不好，还会给别人制造危机。

一天，爸爸下班后开车去接钊钊放学。可是小家伙在车上坐着也不老实，总是动来动去，安全带一会儿系上，一会儿解开，手就没有停下来的时候。

爸爸看他这样就训斥了他两句，让他把安全带系好，老老实实坐着。可是他一会儿就坚持不了了，最后他对换挡扶手产生了兴趣，趁爸爸不注意的时候，他拉了一把换挡扶手，谁知竟然拉到了后退挡。幸亏爸爸反应快才没有发生车祸。这可是把爸爸吓出了一身冷汗，因为在路上，爸爸忍着火，到家后狠狠地打了钊钊一顿。

孩子行为心理解读

生活中，我们见到有些孩子看着聪明、可爱，但做起事情来不加思考，总是冒冒失失。其实，这些"冒失鬼"孩子平时与别的孩子没什么不同，但是一遇到事情，表现得就会比别的孩子急躁、冲动。

儿童心理学家认为，孩子在5~6个月时就有急躁心理，会出现毛躁、不耐烦等情绪。而孩子在2~7岁时，生活、学习等方面出现许多挑战，而孩子的能力又有限，所以心里十分急躁，行为亦会表现得冒失、鲁莽。

孩子之所以会冒冒失失、做事冲动，具体原因有以下几个。

1. 出于模仿心理

小孩子都有模仿心理，特别爱模仿父母的行为。如果家长的性子比较急，孩子做事就比较冲动。因此，在父母的耳濡目染下，孩子也会变得冲动冒失。

2. 出于好奇心理

教育心理学家罗伯特·麦肯兹认为："孩子从小就是一个积极主动的探索者，又是一个敏锐的观察家。孩子之所以喜欢积极主动地探索，是由于他对于这个世界充满好奇。"而好奇心强的孩子，不仅爱通过触摸来探索自己感兴趣的事，而且做事十分冒失，不考虑后果。

3. 与孩子气质有关

孩子行事之所以冒失，与其气质有关。不同气质的孩子，性格也不相同。其中"兴奋型"的孩子性情暴躁、脾气大、好发火、易冲动。

儿童心理专家支招

孩子行事冒失，容易凭感情做事，遇到事情的时候易冲动，不仅会造成错误的结果，还可能给自己和他人带来危险。因此，家长一定要进行适当的引导。

1. 教孩子学会控制自己

如果家里有急性子的孩子，家长一定要教孩子学会控制自己。比如，让孩子在做事之前深呼吸，冷静思考后再行动，并想想事情可能发生的后果。

2. 让孩子学会倾听

许多冒失的孩子总是不会倾听，他们总是在没有听清别人说什么或者没有认真分析别人的意图之前就采取行动。而这样的后果往往是弄巧成拙，造成不可挽回的损失，所以要让孩子学会倾听。

3. 让孩子记录自己的错误

对于总是爱冲动的孩子，家长可以让他们记录自己的错误，并让孩子时常看一看。这样孩子就会提醒自己，以后不要再犯类似的错误。

六、做事敷衍：孩子缺乏责任心

孟芸上二年级了，是个机灵可爱的孩子，但她做事时总是心不在焉，做起事情来不是拖拉就是糊弄，实在糊弄不过去就草草做做，敷衍了事，尤其是在写作业方面。

自从孟芸的妈妈发现她这样后，总是在一旁监督她写作业。可是妈妈监督写作业，让孟芸感到很不舒服，因为这样她就不能看电视了，只能一会儿起来喝点水，一会儿上厕所。到作业写完，用了快两个小时。而且孟芸的妈妈一看她写的作业更加生气了，因为光是抄写生字的部分就错了好多。

孩子行为心理解读

孩子缺乏责任心，做事敷衍，特别是在写作业时粗心，令很多父母着急，因为在家长的眼中，孩子的学习成绩很重要。但在孩子眼中，并不一定这样认为，甚至一些孩子即使知道作业的重要性，也不想认真对待。孩子的这种心理，许多家长都感到费解。

孩子为什么做事敷衍，经常犯错误呢？事出必有因，孩子做事敷衍，主要有以下几个原因。

1. 对所做的事情不感兴趣

其实，很多孩子粗心、做事敷衍是态度问题，如果他们对所做的事情没有兴趣，而家长或者老师逼着他们去做，他们就会抱着应付的态度去完成这件事。

2. 缺少责任心

许多孩子因为各种原因缺少责任心。这样他们就不会重视某些事情，总是抱着拖延或敷衍的态度，能不做就不做，实在不行就草草了事。

3. 家长的放纵

有些孩子做事敷衍与家长的放纵是分不开的。父母不严格管教孩子，孩子做事情心不在焉，父母也视若无睹，甚至一些父母在孩子写作业时大声谈话、看电视，这就让孩子养成应付的毛病。

儿童心理专家支招

如果家长发现孩子在做事时敷衍了事，一定要帮孩子端正态度，设法让他明白，做什么事情都要认真，持之以恒，切勿拖拖拉拉。家长可以让孩子做一些能负责的小事情，如果做到了就及时表扬他；做得不好就要给予批评，让他重新再做一次，直到他认真做好为止。坚持时间长了，就可以激发他强烈的责任感。

现在许多孩子都是独生子女，"421"的家庭模式使得家里大人对孩子倍加宠爱。因此，有些孩子就成了家里的小皇帝，无论什么要求都会得到满足，不仅爱发脾气，也特别霸道，稍有不顺心就会大哭大闹、摔东西。对于这些"小霸王"，一些父母实在是生气，但又不知如何是好。本章我们就来看看，我们到底应该怎样对付这些"小霸王"。

第十章

孩子霸道怎么办——
心理学教父母处理自私心理

一、不给我，我就抢：纠正"儿童独占症"

这天文博的外公生日，兰心便带着儿子文博去给外公过生日。文博一到外公家就特别高兴，因为他可以和舅舅家的小哥哥玩了。这边文博和哥哥玩得高兴，那边兰心在厨房忙着做饭。可是，一会儿就传来两个孩子的哭闹声，外公看着两个小家伙哭闹，哄了文博又哄孙子。

兰心出来一看就愣了，文博又不听话了，他一边哭着还不忘抢哥哥的玩具。这段时间文博总是这样，他与别的小朋友在一起玩时，总是爱抢别人的玩具，尽管有时他们的玩具是一样的。为此，兰心也试过很多方法，但都不管用。

孩子行为心理解读

在我们身边有很多像文博这样的孩子，明明自己有玩具，但还是要抢别的小朋友的玩具，如果达不到目的，就大哭大闹。对于这样的孩子，许多家长都会觉得真是霸道又自私，并为此不高兴。

如果孩子在 3 岁左右，那么你可以不必着急上火，因为 3 岁左右的孩子正是以自我为中心的时期，他们还不会考虑别人的感受。但如果孩子已经 6 岁多了还有这种行为，家长就不能视若无睹了，长此下去，孩子容易患上"儿童独占症"。

一般来说，孩子爱抢东西，主要有以下几大原因。

1. 父母的放纵

2 岁左右的孩子，语言表达的能力还很有限，对于自己喜欢的东西，在说不清楚的情况下，就会直接去抢。如果家长对此持放纵的态度，对孩子不加约束，久而久之就会成为孩子的不良习惯。

2．自我意识增强

孩子在成长的过程中，自我意识增强，会出现以自我为中心的情况。他们没有"东西是谁的"这种概念，经常把自己喜欢的东西认为是自己的，如此在成人眼中就成了"霸道"。

儿童心理专家支招

孩子爱抢东西、霸道并不是天生的。针对孩子爱抢东西的行为，父母要加以正确的引导，如果听任其发展，对孩子的成长是不利的。那么，家长该怎样引导呢？

1．让孩子体验被抢的感觉

在孩子与小朋友相处的时候，父母要告诉孩子，不能随便抢夺别的小朋友的玩具。如果劝说不能改掉孩子的这个毛病，可以让孩子体验一下被抢的感觉，之后再教育孩子就比较容易了。

2．制订规则

自孩子懂事起，父母就要给孩子制订规则，让他在想玩别的小朋友的玩具时，先征求其他小朋友的意见，如果其他小朋友同意了，他就可以玩；如果其他小朋友拒绝了，也不能抢。并且要告诉孩子，懂礼貌的孩子才是好孩子。

3．巧用交换法则

家长带孩子出去玩的时候，可以带上几件玩具。如果孩子想玩小朋友的玩具，他们可以交换。这样不仅可以帮孩子改变不给就抢的行为，也可以让孩子养成分享的良好习惯。

二、我就是要看动画片：令人头疼的第二"反抗期"

天天满 6 岁了，聪明伶俐，十分招人喜欢，但是他有个坏习惯，那就是喜欢霸占着电视机，只能看他喜欢的节目。之前，只要电视机开着，天天就会冲到电视机前面，就连吃饭的时候眼睛都不肯离开一会儿。

现在，天天更是变本加厉了，每天都霸占着电视机，看自己喜欢的动画片。有时，爸爸想要看会儿新闻而偷偷地换台，天天就会哭闹不休，非让爸爸换回去不可。有时，天天甚至看动画片看得都不想去睡觉，妈妈忍无可忍了就会把电视关掉。

每天都这样，晚上让天天关电视睡觉就像打仗一样，长时间下来，爸爸妈妈真的很烦恼。

孩子行为心理解读

经常有父母抱怨，孩子现在 6 岁了，长大了反而还不如小的时候听话，特别调皮、霸道，喜欢和家长对着干，你越不让他干什么，他偏要去试试。许多家长对这样的孩子往往会束手无策。

在儿童心理学上，6 岁是孩子第二个"反抗期"，这是孩子人格形成的关键时期。孩子长大了，自我意识得到发展，主观能动性越来越强，在很多事上都想自己做主，不喜欢父母干涉自己的决定，所以经常会"闹独立"。

孩子之所以经常"闹独立"，除了心理发展的原因，与父母的教育方式也是分不开的。

在孩子的成长过程中，有的家长教育方式比较粗暴，对孩子过分严格，许多事情都擅自帮孩子决定，孩子没有一点的自主权；有些家长则是过分迁就孩子，总觉得孩子还小，犯点错也无伤大雅。实际上，这两种教育方式都存在一定的问题，时间长了孩子都会出现逆反心理，与父母进行对抗。

儿童心理专家支招

孩子在不同的成长阶段也会有不同的特点，第二个"反抗期"最典型的心理特征就是逆反。一般来说，逆反心理会随着孩子的成长而慢慢消失。但如果 8 岁后，孩子还有严重的逆反心理，且反复出现，父母可以采取以下几种方法帮助孩子。

1. 正确与孩子沟通

有些家长会有这样的经历，自己正好好和孩子说话的时候，孩子突然就变成了"小刺猬"，开始顶撞自己。其实，这就是孩子逆反心理的表现。在与孩子沟通的时候，家长一定要学会自我检讨，不要用命令的语言与孩子说话，否则孩子会感到厌烦，从而出现逆反心理。

2. 满足孩子的好奇心

孩子的好奇心比较强，喜欢通过触摸来了解不同的事物，有时会损坏一些东西或伤到自己。对此，家长不要乱发脾气，要正确地引导孩子，告诉他们什么是可以碰的，什么是不可以碰的，并告诉他们原因。

三、就是不给你吃：培养孩子的分享意识

今天，白雪带着女儿娟娟去水果店买她爱吃的芒果。平日里大家都夸娟娟是个乖孩子，长得漂亮也懂事。但是，娟娟有一个坏毛病，那就是不喜欢与别人分享，自己爱吃的东西谁也不给吃。

买完芒果回家的路上，她们遇到了邻居带着儿子鹿鹿在楼下玩。白雪想拿个芒果给鹿鹿吃，可是还没有递给鹿鹿，就被娟娟抢过去了："这是我的芒果，不许你给别人。"白雪觉得娟娟真是太自私了，连个芒果也不给鹿鹿吃，如果不好好管教，在邻居面前会很没面子。可是她的训斥不仅没让孩子改变主意，还在邻居面前惹出一场大哭。

孩子行为心理解读

孩子自私可以说是家长们的一大烦恼。其实，孩子自私是一种很正常的现象，特别是 2 岁左右的孩子，他们并不愿意与别人分享自己的心爱之物。但如果孩子 4 岁后还不想与人分享，这就说明其自我意识比较强。

对于行为上有"自私"表现的孩子，家长不能因为面子就对其打骂、训斥，必须要了解孩子为什么不愿与别人分享东西。一般情况下，孩子不与人分享，主要有以下几种原因。

1. 正常心理发展

孩子在 2~4 岁时，是自我意识发展的阶段，这时的他们虽然有"你""我""他"的概念，但并不懂得分享。直到 4 岁左右，大部分孩子才懂得与他人分享。

2. 模仿心理

不管语言、行为还是心理，家长都是孩子的第一个老师，这些都会影响孩子，并且孩子会模仿父母。如果家长本身比较霸道、自私，孩子也会耳濡目染，养成这样的习惯。

儿童心理专家支招

如果你们家的孩子已经 4 岁了，但还是学不会与人分享，应该怎么办呢？

1. 避免标签效应

也许孩子会有"自私"的表现，不愿与他人分享自己的零食、玩具，但家长千万不要说孩子自私、小气之类的话，避免孩子受标签效应的负面影响。

与此同时，要鼓励孩子与人分享，如果孩子愿意把自己的东西拿出来分享，家长也要加以奖励，夸奖孩子，告诉他这样才是对的。

2. 让孩子多参加团体活动

孩子如果只玩一个人的游戏，就体会不到合作与分享的乐趣。因此，家长要鼓励孩子多与小朋友交往，让孩子多参加一些团体活动，如拔河、跳绳等。在团体中，小孩子也会慢慢变得大方起来。

四、这不是我的错：引导孩子勇于承认错误

这一天，5 岁的辉辉玩悠悠球的时候，不小心打翻了茶杯，这已经不是第一次了。只听"啪"的一声，桌子上的茶杯就掉到了地上，有几个还摔碎了。正在厨房做饭的妈妈听到声音后，赶忙跑了过来，一看辉辉好端端的没有什么事，就问他是不是摔了什么东西。辉辉支支吾吾地说没有，但等妈妈做好饭之后，再次来到客厅里就看到了地上摔坏的茶杯。

看着没事儿人似的辉辉，妈妈问辉辉是不是他打碎的，辉辉想都没想就说"不是"。妈妈一连问了好几遍，辉辉依然不肯承认。

母子俩为此僵持了好一阵子，但辉辉就是不肯认错，妈妈也没有办法了，只好说："以后再打碎东西，你就别玩了！知道吗？"听妈妈如此说，辉辉乖乖地点了点头。

孩子行为心理解读

其实，孩子成长的过程就是一个不断犯错、不断改正的过程。有时孩子并不知道自己所认识的是错误的，也就未必明白自己做的事情是错误的。孩子总是从自己的角度去看，用自己的头脑去想，难免会受到限制。

对于辉辉这种不承认自己错误的孩子，家长一定要了解其心理，找到孩子做出这种行为的原因，才能对症下药，改正孩子的缺点。

孩子不认错，并不一定就是孩子的原因，也有可能是大人的过错。下面我们就来看看孩子不认错的几个原因。

1. 孩子并不明白自己错在哪里

有时父母发现孩子把东西弄坏了或者藏起来，害得自己万分着急时，就会逼迫孩子认错。可是，孩子并不明白自己错在哪里。这是因为家中的各种物件在孩子眼里本来就都是玩具，尤其是家长没有对孩子说清什么不可以玩的情况下。

2. 孩子"听不懂"大人所说的话

学龄前孩子的语言理解能力和表达能力都是非常有限的。有时父母因为孩子做的"好事"生气不已而要求孩子认错时，他们并没有听懂大人所说的话，也不知道父母生气是因为自己做错了事，当然也就不会认错了。

3. 大人没有给孩子解释的机会

由于父母并没有看见孩子的行为过程，所以很多时候孩子犯错的原因并不像父母想象的那样。有时父母看到孩子犯错就训斥，但他们没有听听孩子到底怎么说。

4. 孩子因害怕不愿认错

对于孩子所犯的错，如果父母非常严厉地责问，并一定要让孩子承认自己错了。这种情况下，孩子往往会害怕大人，觉得父母不爱自己，以后再犯错也不敢承认。

儿童心理专家支招

面对孩子做错事而不愿承认错误的行为，家长应仔细分析原因，在了解孩子的基础上给予正确的教育。

首先，要让孩子学会认错，家长应该先了解孩子犯错的原因，然后耐心地告诉孩子做哪些事是对的，哪些是错的。认错时需要一定的勇气，孩子之所以不敢承认错误，可能是缺乏安全感，家长要告诉孩子谁都可能犯错，能改就是好孩子，避免孩子产生畏惧感。

同时，家长要以身作则，做错了事也要向孩子道歉，不要因为面子而不向孩子认错。其实，家长向孩子认错不仅能够融洽家庭关系，还能用现身说法让孩子明白每个人都会有错的时候，认错不是件丢脸的事。而且家长向孩子认错不仅不会丢掉尊严，反而更能得到孩子的尊敬。

五、家有超级"小霸王"：消灭孩子的"放纵溺爱型"霸道行为

工程师小张有个白白胖胖的儿子，今年 4 岁半，小名叫牛牛。牛牛平时活泼好动，嘴也甜，还会帮助遇到困难的小伙伴，是个很热心的孩子。每当别人夸奖他的时候，牛牛的妈妈就美滋滋的。

有个这么可爱又懂事的儿子，牛牛的妈妈当然很得意，于是，凡是牛牛想要的东西，她总会当奖品买给儿子。牛牛妈妈的本意是，给奖励以后牛牛会变得更好，不承想事与愿违，牛牛越来越爱要东西，如果不满足他，他不只是哭闹，还动手摔东西、打人。

为此，牛牛的妈妈训过、骂过牛牛，办法想了一大堆，就差动手打了，可牛牛这小霸王的性子始终改不掉。

孩子行为心理解读

生活中，我们经常看到牛牛这样的霸道宝宝。在家中，他们就是小皇帝，想要什么就必须得到不可，否则就吵闹不休；在外边，他们就抢其他小朋友的玩具，甚至动手打人。不管家长怎样好言相劝或者打骂训诫，孩子总改不了自己的霸道性格。

孩子为什么会变成"小霸王"呢？有些家长认为是孩子自己的原因，其实不然，孩子之所以变成这样，与家长的教育方式脱不了关系。

如果孩子是胆汁质，那么其心理承受能力会比较差，容易鲁莽、冲动，产生不良情绪。这种情绪会间接导致孩子霸道行为的产生。

孩子之所以霸道，与成长、生活环境息息相关。有些家长的教育方式存在问题，他们过于溺爱孩子，对孩子总是百依百顺。心理学上，父母的这种溺爱心理被称为"放纵型溺爱心理"。而且孩子霸道与隔代教养也有一定的关系。祖辈更爱孩子，也会更加纵容孩子。

儿童心理专家支招

每个孩子都会经历从"自我中心"到"去自我中心"。因此，孩子在幼儿时期，有霸道的行为是在所难免的，而且在3~6岁时，孩子的霸道行为尤其严重。

但如果孩子6岁之后依然霸道、不讲理，家长就要注意了，否则，孩子在心理上会形成一定的障碍。

家长要帮孩子纠正"放纵溺爱型"霸道行为，一定要以身作则，树立好榜样，在与人交往时要多站在别人的角度考虑问题，而且要帮助孩子学会分享，为孩子创造良好的教育环境。

自信是孩子战胜困难和挫折，取得成功的重要动力。俗话说得好，"自信决定成功"。如果孩子不够自信，即便能力再好也不一定能成功；如果孩子足够自信，就能不断挖掘自身的潜力。日常生活中，很多孩子对父母太过依赖，缺乏独自处理问题的能力。其实，并不是他们不敢去做，而是不相信自己能做好。孩子不自信，父母要懂得寻找方法来帮助孩子克服自卑、找回自信。

第十一章

孩子不自信怎么办——
心理学教父母处理自卑心理

一、容易自暴自弃：如何引导孩子走出习得性自暴自弃

李美上小学二年级时，体育课结束，要进行一次跳绳考试，120 跳/分钟才算及格，可她每次测试只能跳 90~100 跳/分钟。每次练习同学们都笑话她："李美太笨了，才跳了这么几下。"小美也想跳好，可越急越不行，于是把跳绳一扔便回家了。

回家后，妈妈看女儿垂头丧气的样子，连忙问是什么情况。"反正我怎么也跳不好，不跳了！"小美自暴自弃道。妈妈一听这还了得，一遇到困难和挫折就放弃，以后在学习的路上比这更大的困难和挫折还多着呢！于是她连忙鼓励女儿道："跳得好的同学不是天生就能干，只要你有信心，肯定也能跳好。"

在妈妈的鼓励下，小美有了信心，不断地练习。但过了几天，她的成绩还是和以前一样，这次她是彻底自暴自弃了，说什么也不肯再练习。

孩子行为心理解读

李美的行为已经可以算是"习得性自暴自弃"了。所谓"习得性自暴自弃"，是孩子认为自己无法控制事件结果时的一种心理状态，也就是说，孩子在经历了一些失败的体验之后，便不再去尝试努力的行为。

这类孩子总是爱否定自己，其口头语就是"我太笨了，什么也学不会"。由此可见，他们把自己的失败归因于自己的先天不足。事实真的如此吗？其实不然。

孩子为什么会这样呢？心理学家通过研究后发现，"习得性自暴自弃"的出现是与自身能力缺乏以及对自己评价太低等因素有关。但这并不是全部，孩子"习得性自暴自弃"还有以下一些因素。

1. 不恰当的评价

家长的态度往往能够决定孩子的态度。如果家长对孩子的表现失望，那么孩子也会对自己非常失望。如果家长对孩子的评价不恰当，孩子就容易产生自暴自弃的心理。

2. 教养方式不当

有些家长习惯用高压的手段逼孩子去做一些事情，如写不完作业不准吃饭。孩子确实有惰性，需要家长进行约束，但过分高压也会让孩子觉得"我怎么做都不对"，从而产生"那我就什么也不做"的想法。

儿童心理专家支招

"习得性自暴自弃"在孩子当中还是比较普遍的，孩子如果这样发展下去会怎样呢？显然很难想象。因此，家长要及时对孩子进行引导，可以试试以下几种方法。

1. 让孩子正视自己

孩子自暴自弃是因为他们看重自己，却得不到他人的肯定。更深一层就是这些孩子没有正视自我，对自己的认识不够深刻，甚至有点儿"跟着别人的感觉走"。因此，家长在引导孩子的时候，一定要让孩子敢于正视自己。

2. 多宽慰孩子

当孩子遇到挫折的时候，一定要理解、宽慰孩子。不要因为孩子做得不够好就训斥，要多宽慰孩子，不能打消孩子的积极性。

二、上课不敢举手：胆小型自卑心理

江妍上小学二年级，期末考试成绩出来了，她的成绩不是非常理想，成绩大幅下滑。到底是什么原因呢？江妍的妈妈就想和她的老师谈谈。结果老师说是因为江妍学习的积极性不高。可是妈妈很纳闷，江妍平时在家学习积极性挺高的啊，不仅回家做作业很积极，而且给她买的练习题，她都做得很认真。

这些情况老师也知道，但是老师说江妍做的很多题都是错的，她学习成绩下降最大的原因还是积极性不高。

原来江妍遇到问题的时候不敢去问老师，上课也不敢举手。江妍还是很聪明的，如果能够解决这个问题，她的成绩就会有所提高。妈妈一直没有搞明白，为什么江妍遇到问题不敢举手呢？

孩子行为心理解读

实际上，江妍的情况并非是老师说的"积极性不高"，而是受到了"胆小型"自卑心理的影响。从江妍妈妈的话中我们可以看出，江妍平时学习很认真。她的成绩之所以不好，主要是由于她遇到问题时不敢举手提问，以至于问题越积越多，影响了成绩。

"胆小型"自卑心理是指一些孩子因胆小而导致的自卑心理，比如，不敢看老师、不敢问问题，在这些孩子身上很难看到一些大胆的行为。

"胆小型"自卑心理的产生是哪些因素导致的呢？

1. 心理压力过大

有些孩子想到什么就马上去做，而有些孩子则会反复思考，这样行不行、那样可不可以……思考得太多，心理压力就会增加，让这些孩子产生"临阵退缩"的行为。

2. 过于看重挫折

失败和挫折很多时候是无法避免的，不管你喜不喜欢。但有的孩子看轻挫折，认为这没什么；有的孩子则看重挫折，遇到一次挫折就否定自己的能力，从而不愿意再去尝试。

3. 父母期望过高

家长很容易把自己没有完成的愿望附加在孩子身上，对孩子期望很高。他们认为没有压力就没有动力，所以会给孩子施加过大的压力，这让孩子很难继续前行，渐渐失去自信，产生自卑心理。

儿童心理专家支招

"胆小型"自卑对孩子的心理健康成长非常不利，所以需要家长做些工作来帮助孩子们。

1. 给孩子制订合理的目标

父母的期望可以很高，但一定要帮孩子寻找合适的目标，而不应该直接把自己的期望当成孩子的目标，让孩子在牢笼中成长。

2. 示范引导法

当孩子出现"胆小型"自卑心理时，父母要通过示范引导的方法帮助孩子走出这种不良心理。比如，可以教孩子如何提出自己的问题，孩子熟悉之后也就能从容应对。

三、总是说"我不行"：孩子的自我不认同心理

"不行，我不行！"这是5岁的玲玲最常说的一句话。不管这件事她是不是能做，是不是能做好，她的第一反应就是拒绝，脱口就是"我不行"。有时妈妈看玲玲画画不错，就想让她去参加绘画比赛，可玲玲语气坚决地说"我不行"；让玲玲给阿姨背个唐诗，她也说"我不行"。

其实，很多事情玲玲不仅能做，而且还能做得很好。就拿背诗来说，妈妈教给她的10首唐诗，她早就背得滚瓜烂熟了。可是，让她在别人面前背诵，她肯定说"我不行"。

玲玲的妈妈知道，这是因为玲玲太不自信了，凡事害怕自己做不好。她越是这样，还就真的越是做不好。

孩子行为心理解读

会画画却说自己不行、会背诗却说自己背不好。玲玲的这种行为并不是想偷懒，而是一种自卑心理的表现。因为自卑心理，她害怕自己做不好遭人耻笑，干脆一开始就说"我不行"，以拒绝别人进一步的要求。

我们身边有很多像玲玲这样的孩子，他们因受自卑心理的影响而变得非常不自信，原本能够做得很好的事情，非说"我不行"等自我否定的话。

为了更好地帮助孩子走出心理误区，我们要弄清楚孩子产生这种心理的原因。到底是什么原因导致孩子出现自卑心理的呢？

1. 不良标签的负面影响

许多家长总认为孩子年纪小，不信任孩子，孩子做这也不行，做那也不行。当孩子要求自己吃饭时，家长往往怕弄脏衣服而选择喂他；当孩子要求自己穿衣服时，家长嫌浪费时间，而匆匆忙忙地帮孩子穿上……家长的这些不信任行为，无疑给孩子贴上了不良标签，让孩子丧失了自信心。

2. 目标不当

目标不当主要是指没有目标或者目标过高，这两种情况都会导致孩子没有自信。没有目标，孩子就没有奋斗的方向；目标过高，久久无法实现，会让孩子觉得自己的能力不行，从而丧失自信心。

3. 挫折与打击

孩子很容易遇到挫折。当失败的现实摆在眼前，孩子除了用哭来表示自己的情绪，内心也会对自己的能力、行为产生怀疑，继而产生不自信的心理。

儿童心理专家支招

自卑是常见的孩子心理问题之一，特别是在婴幼儿时期，孩子最容易有这种不良心理。3~7岁是孩子人格、价值观发展的重要时期，孩子的性格特征基本定型。这个年龄段如果孩子产生了自卑心理，就会变得孤僻、缺乏自信，对日后的生活和学习产生负面影响。因此，想要孩子远离自卑心理，家长一定要对孩子进行积极的引导和调控。

1. 为孩子制订合理的目标

家长在为孩子制订目标时，一定要量体裁衣。如果孩子达到了预期的目标，家长要多赞扬，让孩子充分品尝成功的喜悦。

2. 寻找失败的原因

如果孩子失败了，家长切忌求全责备，应该帮助孩子找到失败的原因。孩子失败后产生不自信的心理常因不查失败根源所致。

3. 培养孩子的自信心

日常生活中，家长可以让孩子做自己的事情，如让他们自己学习穿衣服、收拾自己的玩具。这样可以为孩子提供更多的锻炼机会，帮助孩子掌握一些基本能力，让孩子觉得自己的能力得到肯定，从而逐步建立自信心。

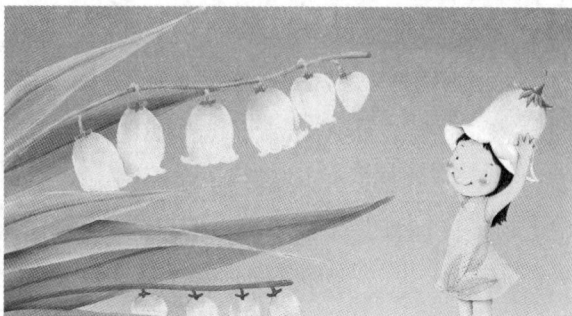

四、总是掩饰自己的缺点："甜柠檬效应"帮助孩子提高自信

壮壮5周岁，上幼儿园大班。别看他年纪小，但对自己的缺点非常敏感，在别人面前总是拼命掩盖自己的缺点。

星期天，妈妈带壮壮到一个朋友家做客，朋友家有个比壮壮大点儿的女儿，壮壮叫她小姐姐。两个孩子刚开始的时候玩得还很高兴，后来妈妈们让两个孩子跳舞，壮壮刚在幼儿园学了一个舞蹈，他跳得很认真，但是有几个动作他忘记了。

小姐姐看了后说："壮壮跳得不好，忘了好几个动作。""没有，就是这样跳的，我们老师就是这样教的。"壮壮不甘示弱地说。吵到最后，壮壮哭了。这件小事就反映出了一个问题，那就是壮壮不愿意承认自己的缺点。

孩子行为心理解读

壮壮不肯承认自己的缺点，是不自信的表现，是一种自卑心理的外露，他不敢正视自己、接纳自己。其实，很多孩子身上都有这种情况。

一般来说，3岁左右的孩子已经具备了"好""坏"的判断意识，当他们意识到自己身上的缺点时，就会拼命掩饰，以免被别人发现。大多数孩子在8岁左右就可以正视自己的缺点了，但也有些孩子不愿意正视自己的缺点，直到成年也是如此。

孩子为什么会对自己的缺点如此敏感，甚至产生自卑心理呢？

1. 错误的比较

有些父母很喜欢拿自己的孩子与他人进行比较，甚至为此批评孩子，这可能导致孩子觉得自己比不上他人，觉得自己很无能。因此，他们会拼命掩饰自己的缺点。

2. 缺乏自我

每个人都是优缺点的结合体，人无完人，也没有谁是一无是处的。但有些孩子不知道这一点，总是喜欢拿别人来比照自己。恰恰是在这种比较中，他们失去了自我，只能看到别人的优点和自己的缺点。

儿童心理专家支招

孩子们都有上进心，有自己的期望与理想。如果没有达到理想，孩子会很沮丧，有些孩子面对这种情况往往采取消极的做法，掩饰自己的缺点，但这样只会让自己更自卑。

儿童心理学家建议，对于孩子的这种不良心理，应该使用"甜柠檬效应"，让他觉得自己的柠檬是甜的。"甜柠檬"是指自己所有摆脱不掉的东西就是好的，要学会接纳自己。不管是自己的优点还是缺点，都要勇敢面对，不要因为自己有缺点就看低自己、排斥自己。

五、一受批评就自卑：小心孩子在批评中失去自信

突然间，梦梦对别人的批评变得特别敏感，只要一听到批评，她就觉得自己什么都做不好，是个没用的人，变得很自卑。早餐时间，妈妈给她倒了杯牛奶，她没拿好，牛奶掉在地上，溅了一身，刚换的衣服也脏了。妈妈见

状，随口便说了句："怎么这么不小心啊！牛奶洒得哪儿都是，一会儿还要拖地，给你洗衣服！"听妈妈这样说，梦梦非常不开心，竟然哭了起来。

妈妈好不容易把她哄好，让她自己再去拿一杯，梦梦却死活不愿意去。妈妈问她为什么，她说："我这么不小心，怕又把牛奶掉地上了。"说完，梦梦的眼圈又红了。妈妈听了，心里很难过，觉得自己不该批评女儿的。

孩子行为心理解读

梦梦因为妈妈的一句批评，就对自己的能力产生了怀疑，这并不是因为她变得敏感了，而是因为她容易在别人的批评中失去自信，说白了，是她有自卑心理。儿童心理学家认为，自卑是一种不良心理，是对自我的否定，是对自我个性的排斥，是对自身价值的否定，造成自卑的直接原因就是别人的批评。

为什么孩子听到批评就自卑呢？原因有以下几个。

1. 过多的批评

有些家长在批评孩子时并没有针对点，而是泛泛批评。但是，这样的批评不仅不能达到改正孩子错误的目的，还有可能造成孩子的自卑心理。

2. 带有情绪化的批评

一些家长在批评孩子时很难做到"冷静""客观"，他们往往将不好的情绪融入其中，比如抱怨、嫌弃等。这在孩子听来，就是一种赤裸裸的否定。

3. 不听解释的批评

对于孩子所犯的错误，如果家长没有听孩子的解释就盲目批评，同样会让孩子产生抵触、反感的情绪。一旦这种情绪蔓延，孩子就很难从中走出来，自卑心理就会产生。

儿童心理专家支招

一般情况下，存在自卑心理的孩子对自己的评价很低，假如家长再因为孩子犯的小错而过分批评，就会让孩子在不良批评效应的影响下变得更自卑、更不自信。那么，家长应该怎样带孩子走出自卑的心理呢？

1. 提高孩子的自我价值感

有的孩子并没有找到自我价值感，所以在受到批评后会变得自卑。他们往往把自己的价值定位在周围人的认同上。家长要提高孩子的自我价值感，对孩子的兴趣与努力进行表扬，并发自内心地欣赏。

2. 给予孩子爱和支持

对于孩子的错误，批评是不可少的，但家长应该在批评之后给孩子爱和支持。当孩子失败或失望时，如果他们知道家长还是爱自己的，其自信心就能增强。

3. 让孩子在实践中提高自信心

家长可以给孩子布置一些有实际意义的任务，让孩子感受到自己是有价值的，从而具备更强的自信心。

六、总是嫌自己胖：帮孩子远离缺陷型自卑心理

这段时间，诚诚妈妈心里很着急，诚诚怎么也不愿意上学，他觉得自己太胖了，不好看，讨厌别的小朋友笑话自己。

其实，诚诚并不是很胖，他嫌弃自己胖，主要是因为同班的小朋友给他起了个"胖猪"的绰号。诚诚觉得很难听，慢慢就开始嫌弃自己，甚至还嚷嚷着要喝妈妈的减肥茶。诚诚才7岁，爸爸妈妈自然不能给他喝减肥茶。

但诚诚的妈妈发现了一个更为严重的问题，诚诚开始自卑了，有时妈妈要带他逛超市，他也不去，整天就爱待在家里，怕出去以后别人不喜欢他。

这已经成了诚诚的心病，还让他产生了自卑心理。

孩子行为心理解读

诚诚嫌弃自己胖而不愿意去上学，甚至不愿意出去玩，觉得别人都不喜欢自己，这是明显的"缺陷型"自卑心理在作祟。实际上，许多孩子都有一定的"自卑型"心理，比如有的孩子嫌自己个子太矮、长相不好看等。只要一谈到他们所嫌弃的方面，这些孩子就会紧张不安，变得不开心。

孩子出现这种自卑心理，原因是多方面的：

1. 外界给予的不良标签

许多孩子嫌弃自己的缺陷，主要是因为别人跟他开的不良玩笑，这给了孩子消极的心理暗示。开玩笑的人可能觉得没什么，但对孩子来说就是不良标签，并很容易让孩子产生"缺陷型"自卑心理。

2. 负面环境效应

很多时候，孩子都会受到周围人的影响，特别是家人。例如，如果孩子的妈妈认为胖不好，那么孩子也会这样认为。在一些错误意识的指导下，"缺陷型"自卑心理就很容易产生。

儿童心理专家支招

孩子成长的过程中经常会出现这样的现象，他们厌恶自己身上的一些缺陷。这其实就是自卑心理。自卑心理有的是天生的，有的则是因为一些挫折、失败经历导致的。因此，如果家长发现孩子有自卑心理，一定要进行引导，具体做法如下。

1. 告诉孩子：这是玩笑

家长尽量不要和孩子开一些不良玩笑。如果周围的人这么做了，一定要告诉孩子，这是玩笑，不要当真。当孩子意识到这一点，产生自卑心理的可能性就很小了。

2. 转移注意力

有"缺陷型"自卑心理的孩子往往会把注意力放在自己的缺陷上，而看不到自身好的一面。当孩子因为一些缺陷而自卑时，父母可以引导孩子把注意力转移到优点上，这样才容易提高孩子的自信心。

父母常见错误做法（五）

▫ 不恰当的评价

父母的态度往往能够决定孩子的态度。如果家长对孩子的表现失望，那么孩子也会对自己非常失望。如果父母对孩子的评价不恰当，孩子很容易产生自暴自弃的心理。

▫ 父母期望过高

有些父母把自己没有完成的愿望强加在孩子身上，对孩子期望过高。他们给孩子过大的压力，这让孩子很难继续前行，渐渐失去自信，产生自卑心理。

我们身边的孩子并不是每个都开朗活泼。除此之外，我们也能看到一些孤僻的孩子，虽然他们近在咫尺，却让人觉得像星星一样遥远。孤僻对孩子的身心健康十分有害。其实，这些孤僻的孩子也愿意和小朋友交往，但他们不知道该如何交往，甚至他们在与其他小朋友交往的过程中也存在一些心理障碍和误区，比如自闭等。面对孤僻的孩子，家长一定要格外注意。

第十二章

孩子孤僻怎么办——
心理学教父母处理自闭心理

一、捣乱分子：孩子的捣乱行为要合理引导

冯晨性格孤僻、脾气暴躁，他不喜欢和小朋友们一起玩，也从不主动向老师表达自己的需求。但每天都有小朋友来告他的状，说被冯晨欺负了。冯晨成了班里的捣乱分子，扰乱了正常的教学秩序。

片段一：每天一到幼儿园，他便安静不下来，总是从这个区跑到那个区，从那个区跑到这个区。而且他还经常故意把桌椅弄倒，或者故意推别的小朋友，抢别的小朋友的玩具。老师每次都要用很长的时间才能让他安静下来，恢复活动秩序。

片段二：午餐时，小朋友们都在乖乖吃饭，突然一个小朋友喊道："老师，冯晨把不吃的菜丢到我的碗里了。"

对于这种捣乱分子，老师和家长一定要找到原因，并加以引导。

孩子行为心理解读

从心理学角度来看，捣乱也是孤僻心理的一种表现。实际上，孩子的捣乱行为是很常见的，尤其是在 3~5 岁的孩子身上。这些捣乱分子具体表现为爱搞破坏，与别人对着干，不让别人好好玩，让他和别人一起玩他又不愿意等。很多家长错误地认为孩子只是调皮，但心理学家认为，如果孩子长时间处在"捣乱"心理的控制之下，性格也会变得孤僻，严重的话还可能出现自闭倾向。

那么，孩子为什么会出现"捣乱"心理呢？

1. 家长的补偿心理

现在的家长一般工作很忙，陪孩子的时间很少。孩子总希望家长能够关

注自己，如果他们这一需求得不到满足，就可能会做出捣乱行为，以此来吸引家长的注意。

2．发泄不良情绪

有的孩子想要占有某些东西却无法如愿，这样就会心里不高兴，存在不良情绪。为了把不良情绪发泄出去，他们就会采取"破坏""捣乱"的方式。

3．忌妒心太强

孩子爱捣乱的原因还有忌妒心强，当他们看到别的小朋友做得比自己好时，就要搞破坏。他们这样做，纯粹就是不想让别人把自己比下去。

儿童心理专家支招

很多家长和小朋友都讨厌捣乱的孩子。其实，捣乱是一种心理上的障碍，如果对于爱捣乱的孩子不加以引导，孩子可能会出现心理疾病。

如果家里有捣乱的孩子，家长一定要引起注意，并及时采取措施，为孩子健康成长而努力。心理学家建议家长可以采取以下措施来纠正孩子爱捣乱的错误心理。

1．家长要多关心孩子

如果孩子爱捣乱是因为想要引起家长的注意，那么家长应该多关心孩子，与孩子多沟通，遇事多问问孩子的意见，多抽出些时间陪孩子。

2．培养孩子共享意识

对于占有欲强的孩子，家长不要太过宠溺，他们的捣乱行为可能就是因为想要占有某件东西却没有达到目的而引起的。对于这类孩子，家长要让他学会共享，吃东西的时候分给别的小朋友一点儿，或者和别的小朋友一块玩玩具等。

3．让孩子学会欣赏

对于别人某方面比自己强，孩子一定要能够正确对待，欣赏并肯定别人的长处。家长要让孩子知道每个人都有自己的长处和优点，对别的小朋友的优点要抱有欣赏的态度。

二、不愿参加集体活动：警惕孩子的自闭型孤僻

豆豆开始上幼儿园了，到现在已经快一个学期了。可是豆豆的妈妈最近发现儿子有些问题。豆豆一点也不爱参加集体活动，一次妈妈带他去参加聚会，可他无论如何都不肯离开妈妈到小朋友活动区去。当时妈妈只是以为他到了陌生环境不习惯，所以没太在意。

但是，有次幼儿园举办亲子活动，让孩子们进行比赛，要求家长观摩。可是豆豆一直赖在妈妈身边，无论如何也不参加比赛。这让豆豆的妈妈忧心忡忡。

孩子行为心理解读

豆豆不喜欢参加集体活动，甚至对集体活动达到近乎"恐惧"的地步，是一种"自闭型"的性格孤僻，比一般意义上的性格孤僻更加严重。豆豆这是"自闭症"的前期表现，也可以称为"假自闭"。

一般，"假自闭"型性格孤僻在 3 岁左右出现。如果家长没能进行积极引导，会影响孩子以后的成长和人际交往。孩子为什么会性格孤僻呢？儿童心理学家认为，除了孩子先天性格因素外，还与孩子的后天教育、生活氛围等大有关系。

1. 家长过度溺爱

家长过度溺爱孩子，也会导致孩子出现性格孤僻的情况。过度的满足与保护，会抑制孩子语言和行为的自然发展。这样孩子可能会变得不爱说话，影响孩子的正常表达能力。

2. 自卑心理

孩子性格孤僻的另一个重要原因就是过于自卑，这些孩子总怕自己在人多的场合说错话、做错事，让自己和父母丢脸，从而导致了孤僻的性格。

3."蛋壳"心理

有些孩子的心理非常脆弱，心理学家把这种情况称为"蛋壳"心理。存在"蛋壳"心理的孩子，很容易害怕受到挫折而拒绝与别人交往，不喜欢参加集体活动。

儿童心理专家支招

"自闭型"孤僻的孩子经常会沉默不语。有些父母可能会误以为孩子只是"内向""胆小"，其实不然，家长如果发现孩子有孤僻的行为，千万不能掉以轻心。对于性格孤僻的孩子，我们应该如何引导呢？

1. 给孩子树立良好榜样

俗话说："近朱者赤，近墨者黑。"如果父母比较自我封闭，孩子也会被潜移默化影响，产生孤独感，形成孤僻的性格。因此，家长应以身作则，给孩子树立榜样，在不知不觉中为孩子塑造一个良好的性格。

2. 注意评价和态度

家长经常随意批评、否定孩子，孩子就会丧失自尊心和自信心，形成自卑孤僻的性格。因此，家长要多采用一些肯定的评价，多肯定和鼓励孩子，使孩子自信、开朗起来。

3. 增加孩子"参与"意识

许多性格孤僻的孩子多着迷于一些缺乏社会交往的兴趣，如玩游戏机、看电视等。家长有必要多与孩子进行情感交流，鼓励孩子陪同父母外出采购、参与做饭等，增强孩子的"参与"意识。

三、一个人的世界：独生子女的孤僻症

久久 3 岁了，平时爸爸妈妈都忙工作，没有太多的时间照顾他，经常把他送到隔壁张奶奶家。张奶奶的孩子不在本地工作，也是一个人生活，所以就帮邻居看看孩子。

久久的妈妈每次上班前都会叮嘱张奶奶："看好久久，别让他出去玩，外边不安全。"但久久正是爱玩的年纪，怎么可能愿意一直待在家里，可是每次缠着张奶奶带他出去玩，都会遭到拒绝。次数多了，久久也就不嚷嚷着要出去玩了，每天都乖乖地闷在自己的小屋子里。

但是，久久上幼儿园后，老师对久久的妈妈说，久久的表现有点反常：他从不和别的小朋友一起玩，也不玩玩具，每次都一个人坐在那里，看其他小朋友玩。而且，别的小朋友想拉他一起玩，结果他却表现出一副非常吃惊、胆小的样子，表情也是木木的。久久的妈妈听到老师这样说，才想起是自己忽略孩子太多，心里特别难过。

孩子行为心理解读

3 岁左右的孩子开始不再那么依赖大人，反而渴望与同伴交往。正是因为孩子的这种心理，这个年龄段的小孩对周围小同伴往往是热情、主动的。尽管他们之前并不认识，但在共同交往的活动过程中，也能彼此理解、相互照顾、共同分享、团队合作。但为什么久久变得害怕与小朋友交往呢？

孩子为什么会产生孤僻心理呢？

1. 父母对孩子的过分保护和限制

有些家长为了让孩子远离危险，就采取非常小心的态度来教导与照顾孩子。他们会给孩子过分的保护，甚至不让孩子参加社交活动。这样一来，孩子就会变得孤僻，不愿意与人交往。

2. 周围环境的影响

除了父母的错误教导，周围环境也是导致孩子产生孤僻心理的重要原因。如果孩子的生活环境过于封闭，也会导致孩子性格孤僻。

3．情感的缺失

所谓的情感缺失就是孩子感受不到父母的"爱"。孩子出生后，父母的爱是给予孩子安全感和对世界最初的信任感的第一途径。如果这种情感缺失，孩子就会缺乏安全感，导致孩子形成情感上的冷漠，逐渐走向孤僻。

儿童心理专家支招

现在的孩子大多数是独生子女，他们得到了父母全部的呵护和关爱。但有些孩子在家很活泼，出门就变得沉默不语，也不和其他小朋友玩。那么，面对孤僻的孩子，家长们应该怎么办呢？

1．营造良好的家庭环境

孩子的天性是爱交朋友的，孩子性格孤僻一般都不是天生的，而是后天不当的家庭教育和家庭环境引起的。因此，家长要以身作则，为孩子营造良好的家庭环境，让孩子学会与人融洽相处。

2．鼓励孩子多与同龄人交往

家长要鼓励孩子多和同龄人交往，不要总是担心孩子受欺负。太过保护孩子，会让孩子对家人产生过强的依赖心理，很难适应社会。让孩子多与同龄人交往，才能让他们学到与人相处的方法，培养社交能力。

3．表扬、鼓励很重要

现在孩子多为独生子女，家长们也对孩子抱有很大的期望，所以会对孩子提出很高的要求，给孩子造成较大的心理负担。

家长的教育一定要符合孩子的年龄特点，多对孩子进行表扬和鼓励，帮助孩子树立自信。

四、担心别人说她的坏话：怎样应对猜疑型的孩子

乔乔是个乖巧的小姑娘，尽管她才5岁，但她经常帮爸爸妈妈做些力所能及的事情。平时，乔乔很听话，妈妈怎么说她就怎么做，妈妈不让多吃零

食她就不吃，爸爸说不许长时间看动画片她就不看。在外人看来，乔乔非常懂事。但这个年纪的孩子如此懂事，真的正常吗？

其实，乔乔的爸妈知道，孩子的听话是一种"过于敏感"的表现，因为她总是担心别人说她的坏话。为了避免别人说自己不好，乔乔总是努力扮演"乖孩子"的角色。

有一次，妈妈带着乔乔去游乐园玩，旁边的两个大孩子不知道在说什么，咯咯笑个不停。正好乔乔经过那里，听到两个孩子的笑声，眼神就不对了，认为这两个孩子是在笑话她。后来，她也不想在游乐园玩了，一直和妈妈说要回家。乔乔的妈妈很纳闷，孩子这么小怎么就如此爱猜疑了呢？

孩子行为心理解读

猜疑型的孩子经常会莫名其妙地怀疑别人，担心别人说自己坏话，怀疑别人偷拿自己的玩具等。心理学家调查发现，3 岁之后的孩子有 80%会经历一段猜疑时期，但是这个时期长短不一，有的是半年到一年，有的则持续更长时间，甚至有的孩子到五六岁还有这种情况出现。

为什么孩子会出现猜疑心理呢？

1. 心理认知

孩子猜疑心理的出现，与其"心理认知"的发育有关。孩子成长的过程，就是对世界不断认知的过程，孩子会慢慢变得懂事。当孩子处于"不懂事"和"懂事"之间的这个阶段时，猜疑就可能占上风。

2. 家长的过分溺爱

家长的过分溺爱会让孩子养成一些不良习惯，影响孩子心理的健康成长，孩子可能会出现任性、多疑等情况，从而对周围的人产生怀疑，总是担心别人说自己坏话。

3. 挫折效应

孩子之所以多疑，可能是在与他人的交往中受过挫折，比如把秘密告诉了好朋友，但是好朋友把他的秘密当笑话。这也会导致孩子多疑。

4. 缺少交流与沟通

孩子爱猜疑，还和他们与他人缺少交流和沟通有关系。如果没有适当的交流和沟通，孩子可能会对别人产生误会。

儿童心理专家支招

家有猜疑型孩子，家长一定要多注意，并正确引导，帮孩子远离"猜疑型"敏感心理。家长应该怎么来处理孩子这种情况呢？希望心理学专家的以下建议可以帮到你。

1. 交流脱敏法

日常生活中，家长要多与孩子进行沟通和交流，与孩子聊天时，不要用命令的语气，要多征求孩子的意见。时间长了，孩子也就不会再如此多疑了。

2. 引导孩子进行思考

如果孩子多疑，而父母没有引起注意，那么孩子的心理健康会越来越糟糕。因此，家长一定要及时进行引导。当孩子有猜疑的时候，家长要引导孩子进行思考，如果孩子怀疑小朋友不喜欢和他一起玩，就让孩子思考一下"为什么小伙伴不喜欢和我一起玩"。让孩子学会换位思考，宽容对待他人。

五、我不和幼稚的小伙伴玩：巧妙克服孩子的狂傲心理

唐唐是个非常聪明的孩子，他4岁了，但在幼儿园表现得非常出色，得了很多大红花，老师也经常表扬他。可是老师的表扬却让唐唐觉得自己是这个世界上最厉害的孩子，慢慢地，唐唐变得骄傲起来，不愿意和其他小朋友玩，总觉得其他小朋友很幼稚，甚至其他小朋友主动和他打招呼，他也不理。

记得有一次，唐唐和妈妈晚上在小区附近的公园散步，正好遇到同一个幼儿园的小朋友凡凡。凡凡性格很开朗，看到唐唐在散步，就跑过

来和唐唐打招呼。可唐唐却很不耐烦，一句话也不说就往前走，这让凡凡很尴尬。

无奈之下，唐唐的妈妈只得出来打圆场。随后，唐唐的妈妈追上唐唐问他怎么回事，为什么不搭理小朋友。结果唐唐说："我就是不想搭理他，他经常被老师批评，什么也做不好，还很幼稚。"唐唐究竟为什么会这么狂傲呢？

孩子行为心理解读

孩子不愿意搭理其他小朋友，觉得其他小朋友幼稚，没有自己好。这其实不是不懂事，而是孩子有了狂傲心理。现在，因为许多家庭都是独生子女，所以经常会出现过度溺爱孩子的情况，这也导致有狂傲心理的孩子越来越多。有调查结果显示，3~10 岁的孩子，70%左右有一定的狂傲心理，其中 40%的狂傲心理比较明显。

有狂傲心理的孩子就像一只小刺猬，不愿意和他人靠得太近。孩子为什么会出现这种心理呢？

1．被过度夸赞

在孩子的成长过程中，夸赞是必不可少的，因为没有夸赞，孩子会变得不自信。但是，过度的夸赞也是不可取的，因为这会让孩子自以为了不起，认为别的孩子都不如自己，从而会把自己和别人分离开，逐渐出现自满、狂傲心理。

2．负面模仿心理

如果孩子所处的环境中，有人有排外心理，孩子也会进行负面模仿。他们会学习他人的言语及行为，并运用到自己的人际交往中。

3．不良的竞争意识

社会或者影视作品可能会带给孩子错误的竞争意识，他们会特别看重竞争，使自己无法在一种和谐的状态下和其他小朋友交往。在这些孩子心中，所有的小朋友都是自己的竞争对手，而不是伙伴。

儿童心理专家支招

狂傲心理是一种不良心理，如果孩子有了这种心理，就会变得自大。不管他是不是真的优秀，他都会看不起别人。这种心理对孩子的健康成长十分不利，孩子出现这种心理的时候，家长应该怎么做呢？

1. 客观地评价孩子

家长在评价孩子的时候，不能盲目地表扬，而要保持客观、公正，让孩子能够正确地认识自己，明白自己的优点和缺点。

2. 帮孩子寻找差距

尺有所短，寸有所长，没有谁是只有长处的。因此，对于有狂傲心理的孩子，家长不能只让他看到自己比别人强的一面，也要让孩子看到他人的长处，帮孩子寻找自己和他人的差距。

父母常见错误做法（六）

▫ 过度夸赞

赏识教育可以培养孩子的自信心，但如果过分赏识，就会让孩子变得自负，上得去、下不来。一旦遇到强手、被击败，心理就会受到严重的打击。

▫ 太过强势

有些父母对待孩子过于严厉，他们非常强势，总是让孩子一切都听从他们的安排。在父母这种严厉的管束下，孩子就会变得没有主见，完全听从父母的意志行事。

孩子变成了淘气包，家长很烦恼。但俗话说："淘小子出好的，淘丫头出巧的。"虽然此话不完全正确，但也有一定的道理。孩子淘气是天性使然，是孩子探索世界、认知自然的表现，是孩子好奇心、想象力与创造力的萌芽与发展。因此，对于淘气的孩子，家长要多引导、少制止，这样才能促进孩子健康发展。

第十三章

孩子淘气怎么办——
心理学教父母处理逆反心理

一、墙壁是他的涂画板：孩子为什么喜欢涂鸦

洛洛从小就很喜欢画画，孩子爱画画本来没什么不好，但是洛洛不是在纸上画，而是将卧室的墙当成涂画板。妈妈无奈，每天都要警告他说："洛洛，不许在墙上乱涂乱抹哦！"每次洛洛都答应得好好的，可第二天墙上的画反而更多。

对于洛洛的"屡教不改"，妈妈很无奈。而且，洛洛后来就不满足只在自己卧室的墙壁上画了，甚至连客厅的墙壁上都是他的涂鸦。

"你看你把墙画的！多难看啊！咱们家新买的房子，就被你弄得这么难看！"

看到洛洛把家里的墙画得乱七八糟的，说他又不听，新买的房子还没住多长时间就成了这样。于是全家人一致决定，给洛洛报个绘画班，希望可以让他不再在墙上乱涂鸦。

孩子行为心理解读

每个孩子都有这样一个成长过程，他们喜欢涂鸦，但意识不到哪些地方可以涂鸦，哪些地方不可以涂鸦，而家长也没有给孩子指定可以涂鸦的地方。

涂鸦是儿童表现自我意识的一种方法，但当孩子在墙壁上天马行空地画着各种图案时，家长也会很烦恼。如果你家也有爱在墙上涂鸦的孩子，一定不要忙着呵斥他，盲目地制止其行为，而要先了解孩子为什么爱涂鸦。

那么，为什么孩子爱在墙壁上涂鸦呢？

1. 通过涂鸦表达自己

不同年龄段的人表达自己的方式也不一样，而涂鸦就是孩子表达自己的方式之一。孩子一岁半时，开始借助涂鸦这种方式与人沟通，让他了解自己。虽然他们的作品在别人眼里很难理解，但确实是孩子在表达自己。

2. 通过涂鸦练习肌肉

孩子涂鸦的过程，也是孩子练习和发展大肌肉整合运动及精细动作控制的过程，能练习或提高对自己身体的控制能力。孩子涂鸦可以分为四个阶段：无序涂鸦、线形涂鸦、圆形涂鸦、涂鸦表现期。在涂鸦的不同阶段中，孩子可练习对自己身体的控制能力。

无序涂鸦：这一阶段，孩子的手部进行的是无序、无控制的运动。孩子的涂鸦作品画面混乱且呈无组织状态。

线形涂鸦：孩子涂鸦时更多地使用重复的动作是这一阶段的特征，不断地画线条将增强宝宝动作的协调性和控制感。

圆形涂鸦：画圆需要更多的运动能力和更复杂的动作，这种闭合的线条表示孩子对动作有了更高的控制能力和更加精确的复杂性。

涂鸦表现期：儿童把动作与想象经验联系起来，从单纯的肌肉运动转向想象思维。

3. 通过涂鸦练习书写能力

孩子涂鸦为其书写能力发展提供早期的实践机会，而且"涂鸦"是孩子用来想象的手段，是培养、发展孩子想象力的途径。

儿童心理专家支招

其实，涂鸦期是孩子身心发展的宝贵时期。家长不要把孩子的涂鸦看成是一种破坏性的行为。如果家长可以正确引导孩子涂鸦，可以锻炼他绘画、文字和表达方式的进一步连接，促进他左右脑的发展。因此，对于孩子的涂鸦行为，家长应该予以支持。

对于孩子的涂鸦作品，家长不要瞎指导，让他们走进框架里。"涂鸦"是孩子进行想象的手段，对于孩子成长来说，想象力要比绘画技巧重要得多。

家长不要过早地给孩子制订绘画的"规则"，这会限制孩子抽象思维的发展，扼杀孩子的想象力和创造力。家长要鼓励孩子去想象、去创造。

二、爱玩脏东西：孩子独特的创造力与感知力

十一长假时，乔伊的妈妈想把家里彻底收拾一下，把不用的东西清理掉。她把不用的东西先放到了客厅，想全部收拾好后再扔出去。

但当乔伊的妈妈收拾好后，想要去处理这堆废弃物品时，却发现少了很多。这时，乔伊的房间里传来易拉罐滚动的声音。妈妈开门一看，原来少了的废弃物品被女儿给藏到自己的卧室了。

乔伊妈妈想，孩子怎么可以玩这些脏东西呢？于是她就想拿出去扔掉，可是乔伊却视如珍宝，怎么也不让妈妈拿走。其实，乔伊很小的时候就喜欢把一些废旧物品当宝贝一样玩，而且经常从外边捡些石头、树叶等回家，可是乔伊的这些宝贝在大人眼里只能算是垃圾。

孩子行为心理解读

其实，生活中很多孩子都喜欢收集各种废弃物品，他们喜欢玩大人眼中的"脏东西"——土、沙子、家里储藏室的旧物品。家长对于孩子爱玩脏东西的行为很不能理解，他们看到孩子玩脏东西就会非常生气，呵斥孩子。

家长之所以会有这种表现，主要也是顾虑这些脏东西不卫生，怕影响孩子的身体健康，这是人之常情。因此，有的家长一看到孩子玩这些"脏东西"，就会强行阻止。

其实，孩子把脏东西当宝贝也是有心理原因和深层意义的。家长强行阻止是因为他们不懂得孩子的心，不理解孩子为什么爱玩这些"脏东西"。那么，为什么孩子爱玩这些"脏东西"呢？

1. 在孩子眼里物品没有贵贱之分

其实，在孩子的眼中，物品根本就没有贵贱之分，他们选择一个东西只有喜不喜欢的区别。家长讨厌的脏东西，可能是孩子眼中最好的玩具，它们能够激发孩子探究的兴趣。

2. 孩子认知自然的需要

从成长特点来看，孩子主要是通过游戏、玩耍来认识事物。孩子在玩土等脏东西的时候，是亲近大自然、了解大自然的好机会，这会增强他们对自然的感知能力。

3. 孩子创造力发展的需要

孩子的思维与成人不一样，他们是通过游戏、玩耍来锻炼思维与创造力的。不论是玩哪种游戏，都在调动着幼儿大脑的思维。孩子眼中的脏东西，不仅有利于孩子智商的发展，也有利于孩子创造力的发展。

儿童心理专家支招

让孩子玩"脏东西"并不是一件坏事，但家长又担心孩子的健康。父母应该如何做才能让孩子更好地成长呢？

1. 用同理心去对待孩子

看到孩子玩脏东西时，家长不要强行把孩子的"宝贝"扔掉，也不要武断地阻止孩子玩。家长应该用同理心去对待孩子，支持、认可孩子的这种行为。不要怕孩子弄脏衣服，要学会宽容。

2. 常带孩子进行户外活动

如果家长有时间，可经常带孩子进行户外活动，给孩子提供亲近大自然、了解大自然的机会。如果怕孩子弄脏衣服，可以给孩子穿上耐脏的"工作服"，或给孩子准备一套旧罩衫。

3. 与孩子一起游戏

当孩子玩"脏东西"的时候，家长可以加入他们的游戏，这样既可以保护孩子的安全，也可以对孩子进行引导，告诉他们相关的自然知识，教孩子学会观察，激发孩子的好奇心与探索的欲望。与孩子一起游戏不仅十分有趣，亲子关系也会升温。

三、爱拆东西：孩子的探索心理要呵护

果果 4 岁了，是个非常聪明的小男孩，而且好奇心特别强。他平时喜欢玩玩具，但是令家长苦恼的是，孩子总喜欢把东西拆开，拆开之后的东西几乎没法再使用了。

每次家里的东西坏了，爸爸修理的时候，果果不管正在看动画片还是吃饭，都会马上来观摩。

一次，妈妈给果果买了个汽车模型，果果就很好奇为什么汽车模型可以走。因此，果果趁爸爸妈妈不注意的时候，就把爸爸的工具箱拿来，把所有的螺钉都拧了下来，能拆下来的零件都拆了下来。

可是果果怕妈妈训斥自己，想要再把汽车模型组装好的时候，看到一地的零件自己也傻眼了。最后，果果还是没能逃掉妈妈的训斥。不过，晚上爸爸下班后，开始帮果果组装汽车模型，让果果当助手。这样也给了果果一个锻炼的机会。

孩子行为心理解读

对于爱拆东西的孩子，许多家长不知道该如何对待他们。不错，这些孩子很聪明，可他们的动手能力实在太"强"了，只要是他们动过的东西总是支离破碎。

实际上，孩子这种"破坏"行为是值得鼓励的。把自己感兴趣的东西拆开，是孩子学习探索的一种表现，他们不是故意去破坏一个东西，而是因为感兴趣，想看看究竟是怎么回事。

其实，3~5 岁这个年龄段的孩子，个个都可以称为"破坏大王"。这是为什么呢？

1. 好奇心所致

小孩子天生好奇，但他们对身边的很多事物不解，所以当他们看到小汽车会跑、听到收音机会说话时，就会产生强烈的探索欲望，就想摸一摸、看一看，甚至亲自动手拆开，弄个明白。但孩子的能力有限，往往是拆得开、组不上，这就让家长很生气。

2. 盲目模仿

3~5 岁的孩子特别喜欢模仿，他们总希望能像父母那样做很多事情，喜欢模仿大人的行为。但由于孩子受到自身能力的限制，往往适得其反，自己所做的事情在家长眼中却是破坏行为。

3. 手眼协调能力有限

3~5 岁的孩子手眼协调能力、手脑的配合能力都不成熟，因此在他探索、尝试的过程中，总会出现和自己的预想不一样的结果，甚至会失败，把一件原本完好的物品弄坏。

儿童心理专家支招

如果不想扼杀孩子可贵的好奇心与探索精神，那么就要有一颗宽容的心，因为破坏的过程其实就是学习的过程。同时，父母要多参与，多方引导、鼓励孩子。

1. 满足孩子的好奇心

如果孩子爱拆东西是出于好奇心，家长就不要一味地责备孩子，而要引导孩子把拆下的东西重新组装起来，恢复原样。同时要告诉孩子，家里的东西哪些是危险的，不能乱摸乱碰。为满足孩子的好奇心，家长可以给孩子买组合式的玩具。

2. 给孩子提供动手的机会

如果家中有什么是需要修理的，而对孩子来说也没有什么危险性，家长就可以让孩子多参与。因为孩子在这个过程中，手眼都会得到锻炼，也有利于孩子思维的发展。因此，家长应该给孩子提供动手的机会，鼓励孩子进行创造。

3. 宽容孩子的"笨拙"

3~5岁的孩子，手脑的配合还不是很协调，可能无意中就会出现破坏行为。对于孩子的破坏，家长不要责备孩子"笨拙"，而要多鼓励孩子，让孩子勇于探索。

四、孩子的超级模仿秀：他正在实践中学习

陈兵现在三岁了，每天看爸爸妈妈打电话，他也对电话产生了浓厚的兴趣。这天妈妈在给外婆打电话，兵兵好奇地凑过来，吵嚷着要妈妈把电话放到他的耳边。之间兵兵学着妈妈的样子"喂"了一声，就不再说话了。妈妈在他旁边说："叫外婆啊！"可是，兵兵怎么也不张口。

后来，兵兵经常拿着妈妈的手机按数字，装出在拨电话的样子。有时，他也会拿着电话嘀嘀咕咕，也不管电话有没有拨出去。一次，妈妈的电话响了，兵兵就立刻跑过去拿起来，有模有样地说："喂，你找谁？……拜拜！"整个过程，兵兵就没有停顿，只是把自己认为该讲的讲完。

对于陈兵喜欢玩手机，妈妈也没有太在意。可是有一次，陈兵拿着妈妈的手机真的拨通了别人的电话。

孩子行为心理解读

对于孩子模仿接电话，有些家长会认为这又是孩子的恶作剧，会惊愕于孩子模仿自己接电话的样子。

其实，孩子的模仿欲极强，尤其爱模仿他们喜欢的东西或事情。对孩子来说，模仿就是一种学习实践的过程。孩子在模仿的过程中，可以锻炼动脑和动手的能力。

模仿是孩子的天性之一，孩子最初的知识大部分就是从模仿中获得的，而孩子的部分性格也是在模仿中形成的，所以教育工作者会不断提醒家长在孩子面前一定要注意自己生活中的言与行，并给孩子以正面的影响，事实上这对孩子的身心健康起到至关重要的作用。

儿童心理专家支招

如果你的孩子也爱模仿，不要一笑置之，而应该对孩子进行引导，为其"模仿"提供一份帮助。

孩子从出生开始就模仿身边的人，而且他们的模仿能力又与其生长发育和认知能力有很大关系。因此，家长要为孩子提供一个良好的"模仿环境"，并成为他们最佳的模仿对象。家长在生活中也要对自己的言行加以控制，把最希望孩子学习到的行为展示出来，把一些不太好的习惯控制住。

五、喜欢往高处爬：正确认识孩子的"攀高心理"

畅畅刚满 3 周岁，特别调皮，就像个小猴子一样，一刻也安静不下来，没事的时候就喜欢往高处爬。

平时只有妈妈自己在家带畅畅，可是妈妈既要做家务，又要做饭。一天，妈妈正在做饭，让畅畅一个人在客厅玩。可妈妈做好饭一出来，看到畅畅正站在小板凳上，往桌子上爬。这么危险的动作，妈妈真担心一个不小心，他会从高处摔下来。把儿子抱下来后，妈妈板着脸教育道："你这样做太危险了，以后不许往高处爬了！"

尽管妈妈多次这样教育他，可畅畅总是左耳进右耳出，等妈妈看不见的时候，他又搬起自己的小板凳，开始了新的"探险"。

孩子行为心理解读

当孩子学会走路、跑跳之后，他们就不会只满足于这些。之后，他们会产生站在高处俯瞰一切的欲望，这是孩子成长过程中的正常表现。但这时孩子自我保护意识较弱，也没有自我保护的能力。如果在登高的过程中没有做好防护工作，很容易发生意外，使孩子受到伤害。

可是，尽管孩子在登高的过程中跌倒过、受伤过，但依旧抵挡不了他们登高的热情，这究竟是什么原因呢？

1. "攀高心理"

孩子生来就对高处有一种向往之情，这就导致孩子产生"攀高心理"，想往高处攀爬。有时，孩子还会站在高处告诉别人："我在这里。"这其实是一种想证明自己的表现，他想得到别人的认可和表扬。

2. 想和父母"平起平坐"

有时候，孩子爱往高处爬，是因为感受到来自家长或他人的"压力"。有些大人和孩子说话的时候，注意不到身高问题，彼此身高上的差距会在无形中绷紧孩子敏感的神经，认为自己也应该站在同一高度和大人交流。这种与大人"平起平坐"的心理，使得孩子爱往高处攀爬。

儿童心理专家支招

孩子爱爬高的天性是很难遏制的，但不管又会给孩子带来危险。在孩子成长的道路上，家长应该如何做呢？

实际上，家长只要注意一些生活中的细节，也可以帮助孩子改掉登高行为。

1. 蹲下身子与孩子说话

家长在和孩子说话的时候，要体谅身高给孩子造成的心理压力，最好是蹲下身子与孩子交谈。这样家长和孩子交流起来也就方便很多，适当照顾孩子的心情，就可以和孩子成为好朋友。

2. 带孩子出外登高

为了满足孩子的登高心理，家长可以创造条件，带孩子去爬山。这样孩子既可以欣赏大自然的美景，也可以陶冶自己的情操，满足孩子的登高心理，可谓一举多得。

六、喜欢上蹿下跳：别盲目扼杀孩子的好动因子

崔涵是个特别好动的孩子，爸爸妈妈都觉得他有多动倾向了。他每次只有睡觉的时候才能安静下来，要不然总是这跑跑那看看，一会儿藏到柜子里，一会儿爬到桌子底下。而且崔涵不怯场，去别人家或者逛商场，也总是上蹿下跳，不是在电梯上蹦蹦跳跳，就是爬上栏杆往下看。妈妈每次带崔涵出去的时候都提心吊胆的，恐怕他把自己摔着。

崔涵最喜欢的游戏就是玩沙发垫子，一个一个往上摞，摞好后踩上去蹦跳，倒下来后再来一遍，乐此不疲。崔涵的妈妈看得胆战心惊："涵涵，太危险了，快下来!"崔涵正玩得高兴，哪里听得见妈妈的话，继续"上蹿下跳"。不一会儿，就听见他"哎哟"一声，没站稳，从沙发垫上摔了下来，膝盖立马就青了。

说起儿子的好动，崔涵的妈妈直叹气，说崔涵就是个小猴子，总是大伤小伤不断。

孩子行为心理解读

从安全的角度看，崔涵的好动可能会给自己带来伤害；但从运动医学角度来看，弹跳运动有健身健脑的作用，因为弹跳过程能产生振动，"外源性"振动与"内源性"振动相结合，会让孩子受益匪浅。

对于爱动的孩子，许多家长总是要求孩子"不要动"，但并不能达到自己想要的效果。这是因为家长没有了解孩子好动背后的心理需求。孩子好动只是表面现象，更为重要的是他们深层的心理需求。因此，要想有效地对孩子进行引导，父母一定要弄清楚孩子好动的心理需求。

通常，孩子好动背后的深层原因有以下几点。

1. 天性使然

孩子是通过碰触来认识世界的，所以孩子们总是爱爬上爬下、跑跑跳跳、触摸不同的东西。有些在大人看来已经习以为常的东西，他们也会非常喜欢，那是他们在认识这个世界。而孩子的探索行为，在家长看来，就是好动。

2. 取悦心理

孩子也有得到别人赞赏的心理需求。孩子之所以好动，也可能是为了取悦父母，得到父母的赞赏。如果孩子这样做曾经得到过父母的夸奖，孩子就会觉得父母对于他的行为是高兴的，之后这种行为就会更多。

3. 补偿心理

现在一些家长总是忙于工作，与孩子相处的时间比较少。而孩子最希望得到父母的关注，因此父母在家的时候，孩子就会想方设法地吸引父母的注意力。当孩子的某些行为得不到父母的关注时，孩子便会以不适当的行为作出"补偿"。

4. 精力过剩

现在的孩子多住在高楼大厦里，很少有活动的机会。但小孩子的精力很旺盛，正是喜欢跑跑跳跳的年纪，如果不能充分地运动或玩乐，就无法消耗过剩的精力。因此，孩子就会在家里寻找可以活动的机会。

儿童心理专家支招

好动是孩子的天性，如果你家的孩子整天跑跑跳跳，偶尔受点小伤，千万不要心疼他而阻止他的好动，也不要对孩子发火。因为跑跳有利于孩子的成长，不仅有利于孩子大脑发育，还可以促进思维的发展，使孩子的思维更为敏捷。

家有好动型宝宝的父母可以从以下几个方面进行引导。

1. 给孩子运动的自由

有些孩子天生就比较爱动，他们喜欢按照自己的方式去蹦去跳。家有这样的孩子，家长们可以由着他玩。这时，顺应孩子的天性是明智的做法。但孩子在玩闹时，家长最好陪在身边，并告诉孩子一些注意事项，保证孩子的安全。

2. 给孩子固定活动的时间

对于好动的孩子，家长最好每天抽出一些时间陪孩子运动。这样既顺应孩子喜欢运动的天性，也可以消耗掉孩子过剩的精力。

3. 进行必要的约束

家长在教育孩子方面顺应孩子的天性是好的，但也不能一味地宠溺孩子，必要时候也要进行约束。特别是3岁以上的孩子，家长要让孩子明白一些"规矩"，好动也要分场合。

嫉妒心理是孩子成长过程中常见的一种心理，只是有的孩子比较明显，有的则比较含蓄。这些有嫉妒心理的孩子，不喜欢自己的妈妈抱别的孩子、不喜欢别人在某方面比自己强……他们嫉妒心理产生的原因有很多，因此对于这样的孩子，父母们一定要引起重视。

第十四章

孩子好胜怎么办——
心理学教父母处理嫉妒心理

一、就是见不得别人好：引导孩子走出酸葡萄心理

婷婷和双儿是同学，也是很好的朋友。她们住在同一个小区，从小一起长大，每天一起上学、一起放学。

但最近两个小伙伴不像以前那样亲密了，婷婷的妈妈忽然发现，女儿对双儿有些反感，不再愿意和双儿一起上学了。即便双儿过来找她玩，婷婷也不愿意理睬。一次偶然的机会，婷婷的妈妈发现了原因。一天两家人碰到了一起，双儿妈妈说起了考试的事情，说双儿考了双百，老师还发了奖状。

婷婷听了很不耐烦，转身就走了。后来，婷婷的妈妈发现婷婷虽然疏远了双儿，却密切关注着双儿的一举一动。双儿被老师表扬后，她就非常不高兴；双儿迟到被老师批评了，她却高兴了半天。婷婷妈很不解，这孩子怎么这样啊？

孩子行为心理解读

两个关系很好的朋友，因为其中一个成绩好，经常被老师表扬，而让两个好朋友产生了隔阂，这其实就是典型的"酸葡萄"心理。

"酸葡萄"效应源于伊索寓言中的故事《狐狸与葡萄》，故事中狐狸想吃葡萄，但因为葡萄长得太高，狐狸吃不到。于是狐狸就说葡萄是酸的，肯定不好吃。心理学家由此将其引入心理学，"酸葡萄"心理是指某人在追求某一目标失败时，为了冲淡自己内心的不安而故意将目标贬低说"不值得"追求而安慰自己的一种心理。

生活中，许多孩子都会产生"酸葡萄"心理，因为他们已经具备了一些对比意识。1岁之后，危机感就会产生，从而可能产生嫉妒心理。当然，孩子产生这种心理并非如此简单，还有以下几个因素。

1. 孩子好胜心强

有些孩子会产生"酸葡萄"心理是因为好胜心强。当他们发现自己不如别人，却又无力改变现状的时候，他们就会嫉妒别人。比如，因为成绩不好而嫉妒、因为老师表扬别人而嫉妒……

2. 孩子生性比较敏感

有些孩子嫉妒心理的产生与性格有关。有的孩子生性比较敏感，一旦发现自己在某些方面不如别人，就会从心理上表现出一种恐惧与担心。而此时，他们想到的不是用正当手段超过他人，而是用负面手段对他人进行诋毁。

儿童心理专家支招

一般 3~5 岁的孩子比较容易出现"酸葡萄"心理。有这种心理的孩子会通过负面手段来诋毁对方。从孩子成长的特点来看，这是一种正常的心理现象，证明孩子已经开始清楚地区分"自我"与"他人"，且会进行比较。这表示孩子心智正在发展。

但家长对于孩子的"酸葡萄"心理也不能听之任之，要正确帮助孩子，让孩子养成好的性格和习惯。

1. 父母要积极引导

要想孩子改掉这种嫉妒心理，家长首先要改进自己的教育方法，不要总是拿自己的孩子和别的孩子进行比较。否则，孩子很容易觉得自己不如别人。

在孩子处于劣势时，家长要引导孩子通过努力取得进步，而不是希望别人退步。

2. 让孩子学会换位思考

对于有"酸葡萄"心理的孩子，家长要多与孩子交流，在聊天时让孩子试着换位思考。不要觉得孩子还小不会思考，其实他们完全可以。

二、我的妈妈不许抱别人：霸道型嫉妒不可有

星期天，南南妈妈带着南南去同事杨颖家，杨颖生了个女儿，刚满月，南南妈妈去道喜。出发之前，南南妈妈问他："南南，杨颖阿姨生了个漂亮的小妹妹，我们去看看好不好？"听妈妈这么说，南南很高兴，迫不及待地想要看看这个漂亮妹妹。

到了杨颖家，南南一看到小妹妹就非常高兴。可是，没过一会儿，妈妈抱起小妹妹，亲了亲她粉嫩的小脸蛋，一副非常疼爱的样子。南南不高兴了，非要让妈妈把小妹妹放下来抱他，可是妈妈觉得南南都长大了，不需要抱了，也就没有理会他，继续和同事聊天。南南看妈妈不理自己，"哇"的一声就哭了，扯着妈妈的衣服，非让妈妈抱着不可。

孩子行为心理解读

南南这是怎么了呢？其实，他之所以闹着要妈妈抱自己，是因为他在吃醋，或者说是在嫉妒妹妹。这是典型的嫉妒心理，当别人比自己优越时所产生的一种憎恨情绪。

心理学家研究发现，孩子 1 岁半之后，其苦恼的情绪中会进一步分化为嫉妒和一般的苦恼。孩子从 1 岁半至 2 岁起，嫉妒心理就有了具体而明显的表现。比如，看到妈妈抱其他孩子，而自己没人抱，就会不高兴，严重的还会因嫉妒而推搡其他孩子。

为什么孩子会产生这种"霸道型"的嫉妒心理呢？主要有以下几个原因。

1. 环境效应

孩子刚出生时就像一张白纸，后天习惯、性格、嫉妒心理的养成和所处的家庭环境有很大的关系。不良的家庭环境会在不经意间给孩子带来不好的影响。

2. 不恰当对比

有些家长总是喜欢在孩子面前说别的小朋友比他好，这样的话孩子就会认为家长喜欢别的小朋友而不喜欢自己，从而产生嫉妒心理。

3．自我意识太强

有的孩子从小就被家长保护得很好，他们没有受到过什么挫折，这使得他们的自我意识较强，凡事以自我为中心。当家长把注意力放到别的孩子身上时，他们就会嫉妒。在这种思维模式的影响下，孩子就会变得霸道、爱嫉妒。

儿童心理专家支招

其实，嫉妒并非一种消极的心理现象。儿童心理学专家认为，轻微的嫉妒能够刺激孩子的社会能力和成就欲望，他们在这种心态的影响下能学会社会生存的规则。

但嫉妒心理一旦过重，孩子的心理就会变得扭曲，不利于孩子的健康成长。因此，如果家里有霸道、爱嫉妒的孩子，家长一定要对其进行正确的引导。

1．多与孩子沟通

家长要多与孩子沟通，而不是让孩子独占某个家庭成员的爱。在对孩子的教育上，家庭成员要相互尊重，最好能够保持意见一致。

2．让孩子学会分享

如果孩子有霸道型的嫉妒心理，家长应该给孩子创造机会，引导孩子学会分享。比如，让孩子邀请小朋友一起玩。孩子在体会到分享的快乐后，就会乐于与他人分享了。

3．正确的评价

家长不要对孩子进行不恰当的比较。如果家长总是夸奖别的孩子，小孩子会觉得父母不爱自己了，从而产生嫉妒心理。因此，家长在评价孩子的时候，应该明确指出彼此的长处和短处，让孩子学习他人的长处，改正自己的不足之处。

三、有了妹妹，妈妈不疼我了：孩子爱吃醋，怎么办

5岁的铛铛已经非常懂事了，他经常帮妈妈做些力所能及的事情，有时会帮妈妈择菜、扫地。邻居们也经常夸铛铛是个好孩子，非常羡慕铛铛妈妈。

可是自从他有了妹妹以后，情况就发生了变化。"铠铠，把妹妹的蓝色外套拿过来好不好？"妈妈一边给女儿穿衣服，一边问道。

可是铠铠听了之后很不高兴，不但不理妈妈，还在椅子上动来动去，非常烦躁。妈妈无奈，只能自己去拿，因为铠铠显然对这个妹妹很排斥，经常无缘无故地把妹妹弄哭，甚至抢妹妹的玩具。

以前听话的铠铠，现在就是个捣蛋鬼，而且只是针对妹妹。这到底是怎么回事？

孩子行为心理解读

铠铠之所以针对妹妹，其实是在吃妹妹的"醋"，这是嫉妒心理在作怪。儿童心理学专家发现，孩子在 3 个月大的时候就会出现嫉妒心理，当妈妈把注意力放到其他人身上时，他们就会蹬腿或发出声音。随着孩子的长大，表现嫉妒心理的行为就成了对抗、哭闹等。

为什么孩子会有嫉妒心理，吃妹妹的"醋"呢？原因有以下几点。

1. 负面环境效应

现在许多家长对孩子太过溺爱，总是把最好的留给孩子。时间长了，孩子就会变得以自我为中心，"独占"意识也会非常强。如果这时候出现一个孩子与他分享，孩子就会嫉妒，产生抵触情绪。

2. 孩子缺乏安全感

小孩子的认知能力是有限的，当原本属于自己的东西被别人霸占后，他们的内心就会变得不安。有了妹妹之后，他们就会吃醋，怀疑妈妈以后还会不会喜欢自己。而小孩子的这种不安，往往会通过捣乱、哭闹来表达。

儿童心理专家支招

大孩子吃小宝宝的醋，属于兄弟姐妹之间的嫉妒，这在 5 岁以下的孩子中尤为多见。如果家中有个爱嫉妒的孩子，家长肯定会很头疼。但孩子的嫉妒心理与父母有很大关系。因此，当发现孩子爱吃醋，容易嫉妒的时候，家长一定要检讨自己，并帮孩子戒掉这种不良心理。

1. 巧用"爱抚效应"

儿童心理学家认为，肢体的接触可以减轻孩子内心的不安全感，这种效果非常明显。当孩子"吃醋"时，家长可以抱抱孩子，用手爱抚孩子的后背，这可以让孩子快速冷静下来。

2. 满足孩子的合理需求

如果家中不止一个孩子，那么父母一定要公平地对待每一个孩子，尽量满足孩子的合理需求，让孩子感觉自己是被疼爱的。

3. 让孩子知道你爱他

有的孩子看到父母疼爱弟弟妹妹的时候，会觉得父母不爱自己了，从而出现对抗情绪。因此，在孩子情绪稳定的时候，父母要告诉他："虽然有了小弟弟小妹妹，但是爸爸妈妈依然很爱你。"一定要让孩子明白这一点，这样他们才会有安全感。

四、我必须要得第一：孩子的好胜心需要正确引导

张凯 5 岁半了，在读幼儿园大班，他性子比较急，好胜心也比较强。在幼儿园里，张凯总是喜欢和其他小朋友比赛，比谁得到的大红花多，比谁第一个吃完饭……如果他胜利了，就会眉开眼笑；如果他输了，就会不高兴，有时候还会哭鼻子。

张凯总要得第一，没得第一就生气，有时看见电视上的同龄小朋友的才艺比他强，就把电视关掉。慢慢地，张凯对幼儿园的好朋友态度也发生了改变，从喜欢对方变得事事提防对方，特别怕别人超过自己，也不再愿意和朋友分享好东西。张凯的妈妈特别怕他长大后嫉妒心、好胜心太强，反而伤害了他自己。

孩子行为心理解读

"我必须要得第一"，是孩子好胜心强的一种表现。生活中，孩子争强好胜的情况很常见。好胜心强是孩子的天性，一般情况下，孩子 2 岁之后就有所表现。孩子为什么会好胜心强呢？

1．"历史背景"影响

所谓的"历史背景"与其父母有很大的关系。父母可能无意间给了孩子争第一的心理暗示，或者是父母给予孩子关注太少，导致孩子缺乏被认同感，凡事总爱争第一来吸引父母的注意。

2．缺乏合理的批评

由于现在提倡赏识教育，所以孩子往往会听到太多的赞扬之声，家长总是夸奖孩子，把孩子捧得太高。这会让孩子产生错觉，认为自己什么都会、什么都行。久而久之，孩子就只爱听表扬、受不了批评，为了自己能够一直被表扬，他们变得爱争第一。

3．自我价值体系尚未建立

4 岁左右的孩子自我意识逐渐加强，这时候的他们需要学会自己认可自己，承认自我价值。但有的孩子自我价值体系尚未完全建立，所以他们不会自己认可自己，而是希望得到他人的认可。正是因为如此，他们才会有强烈的好胜心，想要通过"得第一"来让别人肯定自己。

儿童心理专家支招

孩子争强好胜是有上进心的一种表现，但如果孩子过于争强好胜，实际上就是抗击打能力差的一种表现。五六岁是孩子塑造性格的关键时期，如果孩子过于争强好胜，父母就要多加注意，多加引导。为此，儿童心理学家提出了以下几点建议。

1．多关爱孩子

生活中，许多孩子争强好胜，总是要争第一，就是想要引起父母的注意。

因此，父母平时要多关爱孩子，多和孩子沟通，了解孩子真正需要的是什么。

2. 帮助孩子树立正确的竞争意识和成败观

孩子虽然小，但他们其实懂得很多，有些道理都是在日常生活中潜移默化展现的。要让孩子明白：人生旅途中，每个人都会面临挑战、遇到挫折，唯有接受了"胜败乃兵家常事""失败乃成功之母"，才能有信心和勇气去战胜困难。有了输的积累，才有赢的希望！帮助孩子树立正确的竞争意识和成败观，让孩子明白成长比成功更重要，有进步就是收获。

父母常见错误做法（七）

▫ 不恰当比较

有些父母总是喜欢在孩子面前说别的小朋友比他好，这样的话，孩子就会认为家长喜欢别的小朋友而不喜欢自己，从而产生嫉妒心理。

▫ 不当的激将法

当孩子害怕去尝试时，有的父母为了鼓励孩子会用"激将法"，让孩子为了自尊心而勉强去做某件事。时间长了，孩子会养成习惯，明知自己不行也要干。

在家庭中，孩子向大人充满稚气地撒点娇、耍点赖，不是什么错误，反而会让大人感受到天伦之乐，增加幸福感。然而凡事都有"度"，孩子一旦娇气过了头，就会变得异常脆弱，他们接受不了别人的批评，承受不了半点儿委屈，更是无法接受失败与挫折。面对这样的孩子，父母不能听之任之，而是应该寻找孩子的娇气之源，并对孩子进行积极引导和改变，培养出孩子不放弃、不娇气、不软弱的优良品格。

第十五章

孩子娇气怎么办——
心理学教父母处理依赖心理

一、承受不住批评：易碎的"蛋壳"心理

牛牛是长得有些壮的小男孩，六岁半的他经常被人误以为已经八九岁了。但是，他的性格和他的外貌真的很不相符，承受能力比同龄的小朋友要差了好多。

最近妈妈因为学习的事情，批评了他几次。虽然妈妈的批评更像心平气和的探讨，但他一点也没有听进去，反而因为这些批评而着急、生气。

牛牛之前报了绘画班，也没有刚开始的热情了，总是心不在焉。为此，他的绘画老师对他提出了批评。可是，老师的批评却让牛牛觉得很委屈，当着许多小朋友的面就哭了起来，回家之后更是说再也不去绘画班了。之后，不管家人怎么劝，他还是不去绘画班。

孩子行为心理解读

只是几句批评牛牛就生气甚至大哭，这是因为他受到了"蛋壳"心理的影响。"蛋壳"心理是什么呢？就是指内心非常脆弱，就像鸡蛋壳一样一击即破。有这种心理的孩子，听不得半点反对意见，也不能面对失败。

儿童心理学家认为，孩子之所以产生"蛋壳"心理，是因为他们的心理特别封闭，缺少与同龄人交往的空间。现在，很多父母觉得自己的孩子太过娇柔，承受压力和挫折的能力太差，但这些问题的原因到底是在孩子身上，还是在家长自己身上呢？

1. 家长过分溺爱

现在许多孩子都是独生子女，所以很多家长特别是老人，视孩子为掌上明珠，样样事情都要依从他。在家长的过分溺爱中，孩子会形成强烈的"以我为中心"的心态和任性的性格，受不得一丁点的委屈和挫折，稍不顺心就会哭闹不停。

2. 过分的夸奖

赏识教育可以培养孩子的自信心，但如果过分赏识，就会让孩子变得自

负，上得去、下不来。一旦遇到强手、被击败的话，在残酷的现实面前，"蛋壳"心理就会显露出来。

3．总想孩子赢

有些父母不愿意看到孩子失败，和孩子玩游戏时，总是想尽办法让孩子赢。其实，这样做却会使孩子变得只能赢不能输，对日后的成长没有帮助。

4．推卸责任

有些父母在孩子摔倒时，会帮孩子推卸责任，故意拍地板，并告诉孩子："都是地面不平，让宝宝摔倒，妈妈打它！"类似的举动将孩子摔倒的责任推给了无辜的地板，时间久了，孩子碰到挫折时就习惯了不去面对或推卸责任。

儿童心理专家支招

"蛋壳"心理是孩子内心脆弱的表现，这种不良心理会影响孩子良好个性的形成，因此家长要好好引导。

1．提高孩子的耐挫力

对于有"蛋壳"心理的孩子，家长要提高孩子的耐挫力，让孩子自己尝试去解决一些问题。此外，大人在和孩子玩游戏的时候，不要经常故意输给孩子，有时也可以和孩子玩些输了也有奖励的游戏，用这种方法来平衡孩子输不起的心态。

2．建立合理的认知

家长可以通过平常和孩子聊天的办法，逐步改变孩子对于批评的认知，可以对孩子说："被批评没什么啊。谁能保证自己不被批评呢？说就说呗，又怎么样呢？这只说明这件事可能我们做得不太好，改进就是了，没什么大不了的。"如果这样想，有一个合理的认知应对批评，就不会那么难过，就容易承受了。

3. 情景模拟

也可以设计一个小游戏：一家三口互相批评。在玩笑中，让孩子能够接受批评。孩子逐渐就能体会到，被批评确实不算什么。这其实是心理咨询中行为疗法的一种：情景模拟——就是模拟实际的情景，让孩子去体验、学习。

4. 让孩子勇于承担

有些孩子做错事被发现后，因为害怕或为了逃避处罚，会有意识地为自己开脱责任，来个大哭大闹或"死不认账"。他们不能勇敢地接受别人的批评，因此家长要给予鼓励和诱导，让孩子勇于承担。

二、不能受半点委屈：孩子的耐挫力要提高

刚上小学一年级时，赵佳凭着自己的聪明、大胆和开朗，顺利地当选为班长。但没过一段时间，赵佳身上的缺陷就暴露出来了：特别好动，上课总爱做小动作；贪玩，经常不完成作业；责任心不强，经常忘记老师交代的工作，就连值日也不做。

因为赵佳第一学期的表现不好，第二学期竞选班干部时，他落选了。没想到，从此以后，不管是小队长的竞选，还是中队委员的竞选，还是三好学生的竞选，他再也不参加了。而且，赵佳总对自己说："这有什么啊，我不稀罕。"

孩子行为心理解读

赵佳之所以不再参加竞选，主要是承受挫折的能力比较差。一次的落选，他就承受不了，而且产生了负面情绪。在现在的孩子身上，经常能够看到"耐挫力"差的情况。曾有调查显示，81%的父母觉得自家孩子不能承受挫折，70%的父母表示孩子在承受不了挫折时会哭闹、发脾气、不愿意理别人等。

显然，很多家长为孩子无法承受挫折而烦恼。那么，孩子为什么受不得半点委屈呢？

1. 家长太过溺爱

有些家长在孩子的教育方面，总是顺着孩子，他们认为孩子不懂事，就

应该顺着孩子的脾气来。适当地让孩子表达自己的想法是好的，但一味的顺从也会让孩子养成不好的习惯和骄纵的性格。

2. 家长"过于保护"

有些家长总是很担心孩子，害怕孩子受伤，所以总是剥夺孩子尝试和遇到挫折的机会。孩子的尝试不断被禁止，意味着他会失去遇到挫折的机会。因此，当挫折来临时，他们会接受不了。

儿童心理专家支招

孩子不能受半点委屈，是由于耐挫力比较低。有些孩子因为这样而爱哭、发脾气，甚至有时还会有攻击性行为。对于这样的孩子，家长可以进行冷处理，在孩子情绪激动的时候，暂时不要理他，让他自己慢慢冷静下来。

如果你的孩子耐挫力差，可以试试以下几种方法，提高孩子的耐挫力，帮孩子远离脆弱。

1. 淡化孩子的挫折反应

有的家长在孩子遇到挫折的时候会给予很大的关注，这种做法是不正确的。当孩子遇到挫折时，家长应该表情轻松，不要太在意，这样便会淡化孩子的挫折反应。

2. 允许孩子失败

孩子有很强的好奇心，遇到他们感兴趣的事，往往不顾自己能否完成也要尝试一下。当他们要求做些尝试时，即使家长知道会有许多困难，不一定会成功，也要给孩子一个尝试的机会，让他们去考验自己的才能。

三、遇到困难就哭：溺爱型的孩子需要更多的坚强

晚上，3岁的奇奇在玩新买的积木，他是第一次玩这种拼插的塑料积木。这种积木的拼插接口不一，需要仔细观察，找准相对应的接口才能拼插好，这对他来说是一个挑战。

没过一会儿，奇奇就遇到了困难——两块积木怎么也插不进去！为了将积木插进去，奇奇小脸憋得通红，用尽全身之力还是不行。看到自己插不进去，奇奇生气了，他把玩具往地上一扔，大哭起来："这个玩具不好，扔掉它们！"

孩子行为心理解读

奇奇遇到困难就哭，说明他的抗挫折能力差。其实，由于父母的溺爱、娇生惯养，许多孩子都非常娇气，抗挫折能力比较差。这样的孩子怕吃苦、怕困难，遇到不舒适的场合就情绪低落。

所有的父母都希望自己的孩子能够独自面对社会的压力，越能抗压，说明孩子越强大。但有些父母非常乐意帮孩子扫清前进的障碍，但是这样的溺爱是不利于孩子的成长的。

那么，孩子为什么会遇到困难就哭呢？除了家长的溺爱，还有以下几点原因。

1. 不当的表扬

不适当的表扬也会造成孩子性格软弱。比如，有些家长经常在别人面前表扬自己的孩子"听话"，这让孩子失去在陌生人面前争辩的欲望，变成别人眼中的"乖孩子"。

2. 家长太心软

对孩子的教育，家长不能太过心软。但有些家长就是狠不下心，只要孩子一掉眼泪就心疼。之前还下定决心要让孩子变坚强，但往往会半途而废。

儿童心理专家支招

有些家长在孩子哭闹时，不是连哄带劝就是打骂。其实，家长们完全无须如此，太过严厉会让孩子不知所措，一味的宠溺只会让孩子更软弱。

儿童心理学家认为，随着孩子认知能力的增强，以及行为控制能力的逐渐发展，哭泣、撒娇等行为会越来越少。如果家长太过宠溺，导致孩子爱哭，就要改正自己的教育方式了。

1. 给孩子积极的暗示

家长在遇到一些事情时，要给孩子积极的心理暗示。这样孩子会变得更勇敢，不会因为遇到难题就哭闹不休。

2. 多锻炼孩子

如果孩子太过软弱，遇到困难就哭，家长要多锻炼孩子，让孩子自己去完成一些事情。同时要告诉孩子，要勇敢地面对困难，而不是逃避。

四、输了就哭：孩子需要经历更多的风雨

在红遍全国的《爸爸去哪儿》第二季中，节目里的几个萌娃迅速俘获了全国观众的心。在四川都江堰原始森林的奇幻旅程中，村长为大家组织了一场别开生面的比赛——小狗赛跑。

比赛正式开始，多多因为有乖乖的全力相助，轻松拿到了第一名，Joe紧随其后，就连年纪最小的"姐姐"也在薯条爸爸和哥哥的帮助下顺利完成了比赛。当大家都完成比赛后，杨阳洋的小狗"小花"依旧待在原地一动不动。求胜心切的杨阳洋脑海只有一个念头："再不跑就输啦！"

可是"小花"哪里知道这些，面对狗粮的诱惑仍然无动于衷。此时，杨阳洋再也忍受不了失败的结果号啕大哭起来，生气地喊道："我不喜欢这个狗啦！以后我不想在这里玩了！我不要参加这个节目了！"

见此状况的杨威急忙跑过去对杨阳洋，他知道杨阳洋求胜心切，总是想着"我要拿第一"，于是他对杨阳洋说："你不要把它当作比赛，你就是要和'小花'做朋友。"在爸爸的鼓励下，杨阳洋收拾心情，重新出发，耐心引导"小花"，小狗也和杨阳洋越来越默契，最终成功到达终点。

孩子行为心理解读

输了就哭，这是孩子不能坦然面对失败、"输不起"的表现。在小狗比赛

中，杨阳洋有着明显的求胜心理，因此他才不能接受失败的事实，最终情绪爆发。杨威知道杨阳洋求胜心切，于是安慰杨阳洋不要将"比赛"当作比赛，而是要把"小花"当作朋友，而最后杨阳洋也明白了"比赛并不重要，重要的是过程"的道理。

孩子的内心是敏感脆弱的，很多时候，他们会对"胜负"非常较真。很多孩子"输不起"，会因为一件不起眼的小事、一句无足轻重的话语就挫败了信心和勇气，无法接受自己"失败"的事实。

其实，孩子"输不起"是一种正常的现象，孩子"输不起"通常会有两种表现：有的孩子面对失败、挫折，会采取回避、逃避的态度；性格急躁的孩子一旦在游戏中输了，就会大发脾气，甚至哭闹以示宣泄。

孩子为什么会"输不起"呢？究其原因主要有以下两个方面。

1. 孩子个性有差异

就孩子的个性而言，坚持度的高低决定着他完成一件事的成果。坚持度高的孩子做一件事，就是不完成不罢休的态度，而且还常常有一点挑剔、追求完美的倾向；而坚持度低的孩子，往往草草了事或半途而废，令人感觉他不够用心或努力。

2. 孩子成长环境不同

环境影响人的个性，孩子会观察和模仿父母处理挫折和失败的方法。如果父母在生活中较多地强调或暗示凡事都要赢，孩子当然也会以此为准则。

如果父母在孩子表现出色时就在人前人后不停地夸耀，在孩子表现有所欠缺时就露出失望的神情，这种做法就会让孩子产生"失败了，爸爸妈妈就不爱我了"的心理。因此，孩子就会更加努力地表现，只许成功不许失败，以赢得父母关爱的眼神。

儿童心理专家支招

当孩子缺乏承受挫败的容忍力时，父母应该怎样帮助孩子拥有一份"输得起"的精神呢？希望下面的建议能够帮到您。

1. 尊重孩子的个性差异

挫折容忍力低是现代孩子的通病。如果您的孩子属于"不能赢就不玩"的不可妥协型，也就是坚持度高、非赢不可的幼儿，父母千万不能在一旁煽风点火，要求孩子"还要更好"，更不能让孩子永远立于不败之地，此时他更需要一些惨痛的失败的教训，这样他才能真正体会"赢"究竟是怎么一回事。

如果您的孩子属于既期待但又害怕输的怕输型幼儿，父母就要多多鼓励，先降低标准，在孩子遇到困难时，温和、耐心地鼓励孩子完成任务，循序渐进，孩子一旦有了成功的经验，就会更加愿意做出努力，并渐渐体会到不轻言放弃的美好感受。

2. 正确疏导孩子的情绪

人人都想获得成功，而孩子的"输不起"也是源于与生俱来的"好胜心"，因为孩子不能客观地看待自己，所以就容不得别人比自己好，看到自己的失败就会情绪爆发。此时，父母对孩子的情绪表达要做出回应，表示"理解"和"认同"，但是接受坏情绪不等于接受坏行为，在舒缓孩子坏情绪的基础上，父母要帮孩子找到"下次应该怎样做可以比这次更好"的方法，正确地引导孩子明白社会规则，建立良好的习惯。

3. 让孩子勇于面对挫折

很多父母不忍心让年幼的孩子经历挫折，一旦孩子遭遇挫折就会心疼不已。当孩子遇到挫败时，他们或者是为孩子的失败找理由，或者是尽力帮孩子弥补或过分地哄骗，此后更会呵护避免孩子再次遭受失败。

这样做不仅不能让孩子体会成功与失败的价值，也不能帮助孩子积极地面对失败。此时，父母要做的是给予孩子面对失败的勇气，让他跌倒后勇敢地爬起来，这样才能增强孩子的自信心。

4．为孩子重新定义成功与失败

孩子"输不起"或不能面对失败，也许是出于大人对成功和失败的定义。所谓成功就是一定要赢过别人？父母应该在孩子面前重新定义成功：成功是把一件事情尽心尽力地完成，而不是要把别人打败。

让孩子明白，"将事情完成"本身就是对自己的肯定，并不一定需要外在的肯定。同时也要让孩子明白，失败可能仅仅是没有达到预定的目标，但它同样是人生的宝贵财富。

五、别人一碰就哭：正确引导秩序敏感期的孩子

原本 3 岁左右的孩子正处在"爱玩"的阶段，他们看到小伙伴会很高兴。可是慧慧却不是，她不愿意和其他小朋友一起玩，甚至不愿意让别人碰。不管是长辈，还是小伙伴，只要一碰她，她就会哭。

星期六晚上，慧慧妈带着女儿去附近的广场玩儿，许多人在跳舞，边上还有一些小朋友也跟着手舞足蹈。慧慧觉得挺好玩的，也要跟着去跳。慧慧的妈妈认为这是锻炼孩子的好机会，就让慧慧去跳了。刚开始她玩得很开心，跳得也不错。一个小朋友跑过来要和她一起跳，慧慧没有理那个小朋友，继续一个人玩。小朋友以为慧慧答应了，就过来拉着慧慧一起跳，结果慧慧大哭起来。两个孩子的妈妈为此非常尴尬。

孩子行为心理解读

别人一碰就哭，对于这类孩子，许多家长觉得是孩子性格不好。其实，这是因为孩子的心理过于敏感。慧慧之所以会如此，是因为她正处在生长发育的"秩序敏感期"。

孩子在 2~3 岁时，一般都会经历"秩序敏感期"，这是孩子心智发展的一个必经阶段。在这个阶段，孩子对外界的一些秩序、仪式特别注重、在意。如果有谁打破这些东西，孩子就会不高兴，甚至哭闹。但也有的孩子表现为看别人脸色行事，不喜欢和其他小朋友分享等。

为什么孩子别人一碰就哭？除了"秩序敏感期"以外，还有别的原因吗？

1. 父母的教育态度

有些家长不愿意别人碰触自己的孩子，不喜欢孩子与其他小朋友一起玩。家长的态度会影响孩子，导致孩子慢慢地远离其他小朋友，变成别人碰不得的"小刺猬"。

2. 过强的防范意识

有的家长为了保护孩子，经常教育孩子要懂得防范。如果被灌输了太多防范意识，孩子就会觉得自己生活在一种不安全、没有信任感的环境中。时间长了，孩子就会变得敏感、多疑。

3. 过度强化

在面对一些事情时，有的家长为了不让孩子产生疑惑，就会给孩子解释许多，也不管孩子是否能够听得懂。但是，往往家长解释得越多，越容易勾起孩子内心的想象力。而这些想象力难免会带入一些负面思维，让孩子变得敏感。

儿童心理专家支招

别人一碰就哭是"秩序敏感期"的典型表现。这是孩子心理发育的一个特殊时期，这个时期孩子开始意识到生活中是有"规矩"和"秩序"的。但孩子过于敏感，会不利于以后的人际交往。

为此，儿童心理学专家给家长提了以下几点建议。

1. 榜样效应

家有敏感型孩子，家长应该多与人交往，加强与他人肢体上的碰触，如握手、拥抱等。家长为孩子树立了良好的榜样，孩子就会受到正面的影响，并跟着父母学习。

2. 应酬脱敏法

孩子如果和外界接触得少，也会产生多疑、敏感的心理。针对这样的孩子，家长可以多带孩子参加一些聚会，让孩子处在人多的环境中，多接触他人。这样孩子才能放下防卫，培养出自信心。

3. 触碰脱敏法

要想让孩子摆脱敏感、多疑的心理，家长可以有意识地让别人多碰触孩子。只有让孩子慢慢熟悉这种碰触，孩子才不会在别人碰到他时就大哭。

六、从来不自己洗脚：培养孩子的独立意识

晚上9点多了，鹿鹿还在玩玩具，妈妈就说："鹿鹿，赶紧去洗脚，要睡觉了，要不明天起不来了。"鹿鹿摇摇头说："我的脚很干净。"边说还边抬起脚来证明，可是鹿鹿的小脚丫黑乎乎的。妈妈看到后，说："赶紧去，还说自己脚干净，真是太脏了！"

鹿鹿还是坐在地上玩玩具，看看洗手间，也没有挪步的意思。妈妈看到鹿鹿这样，便开始催促他。可是鹿鹿却面露难色："我不想自己去，妈妈你陪我去。"鹿鹿的爸爸妈妈以为孩子是害怕，就对鹿鹿说："鹿鹿，你都三岁半了，自己去洗，没什么可害怕的。""我不是害怕，就是不想一个人去，妈妈陪我去吧。"鹿鹿恳求着。最后，妈妈只好陪着他去洗脚了。这已经不是第一次了，鹿鹿不是不会自己洗脚，但是每次洗脚都要别人陪着，从没有自己洗过脚。而且，只要让他自己去完成某些事情，他都不同意。

孩子行为心理解读

鹿鹿不愿意一个人去洗脚，不是因为害怕，而是他的"独立意识不强"。所谓的"独立意识不强"，是指孩子不愿意自己一个人做事，非要别人跟着、有人陪着才乐意去做。

生活中，我们经常可以看到这样的孩子，他们不愿意一个人吃饭、不想一个人写作业……如果让他们一个人去完成某件事情，他们往往会害怕，感到恐惧。

那么，孩子为什么会缺乏独立意识呢？

1．孩子独立空间不够

孩子成长的环境对他们的影响很大。虽然现在的孩子生活条件很好，但他们的独立空间很少。即便他们有自己的小房间，家长也经常会进行干涉。孩子没有足够的独立空间，就不愿意自己去完成一些事情。

2．家长教育方式有问题

有些家长总是顺从孩子的意思，不忍心拒绝孩子的一切要求，甚至帮孩子完成所有的事情。家长的包办让孩子缺乏锻炼的机会。当父母觉得孩子长大了，应该放手了，孩子反而适应不了。

儿童心理专家支招

3~6岁的儿童心理发展的主要任务就是养成主动性和独立性。如果孩子缺乏独立意识，会影响其良好个性的养成，更不利于孩子的人际交往。为此，家长一定要引起重视，并好好利用这一时期，把孩子培养成独立的人。家长们不妨试试以下几种方法。

1．引导孩子思考

家长在教育孩子方面不要一味放养，也不要过分保护。当孩子遇到问题的时候，父母不要急于帮他们解决，也不要急于给出答案，而是要引导他们去思考。

2．为孩子创造独立的机会

3岁之后，孩子就具备了一些动手能力。因此，平时可以让孩子做一些力所能及的事情，既锻炼了孩子的动手能力，又给了孩子独立的锻炼机会。只有让孩子离开父母的帮助，独自学习，才能培养出自己学习的能力。要想培养孩子的独立意识，一定要先给孩子"断奶"，让孩子学会独立。

父母常见错误做法（八）

◘ 总想孩子赢

有些父母不愿意看到孩子失败，和孩子玩游戏时，总是想尽办法让孩子赢。其实，这样做只会使孩子变得只能赢不能输，对日后的成长没有帮助。

◘ 推卸责任

有些父母在孩子摔倒时，会帮孩子推卸责任，故意打地板，并告诉孩子这是地板的错。时间久了，孩子碰到挫折时就习惯了不去面对或推卸责任。

很多家长总是为孩子的学习头疼：孩子学习方法不正确，成绩上不去，精力不集中，甚至出现厌学情绪。孩子去上学好像是件非常痛苦的事情；玩起来就没够，翻开课本就头疼；上课眼睛盯着黑板，但心已经飞到九霄云外……遇到这样的孩子，家长肯定会非常头疼。但是，心理学家指出，孩子并非天生不爱学习，家长只要注意方法，顺应孩子的心理规律，完全可以培养孩子的学习兴趣，帮助孩子彻底摆脱贪玩、厌学等坏毛病。

第十六章

孩子不爱学习怎么办
——心理学教父母因势利导

一、兴趣心理：让孩子爱上学习

亮亮从小就对轮船模型感兴趣，父母和亲戚朋友都非常支持他，并送给他各式各样的轮船模型。他的小房间中摆满了轮船模型，说起轮船模型那更是头头是道。可是上了二年级之后，学习的压力使他忙得抬不起头来，很少有时间摆弄他的轮船模型了。二年级期末考试时，他的语文竟然没有及格。

亮亮之所以语文不好，就是因为他不喜欢语文。相反，一年级的时候，亮亮在全市轮船模型大赛上获得了一等奖。轮船模型与语文相比，语文更难吗？事实也并非如此，只是轮船模型是亮亮的兴趣所在，所以在比赛中也更用心。

孩子行为心理解读

在孩子的学习方面，家长经常忽视孩子的兴趣和爱好，让孩子一心扑在教科书中。很多孩子不仅要完成老师布置的作业，还要上父母给他们报的各种各样的"兴趣班"。表面看来，家长是在积极培养孩子的兴趣，但这些"兴趣班"正是抹杀孩子兴趣的罪魁祸首。

兴趣才是最好的老师。只要感兴趣，孩子就一定能学好。孩子之所以不爱学习，是因为学习很枯燥，他们从中感受不到任何乐趣，他们对自己所学的东西没有兴趣。因此，如何让无趣的学习变得有趣，父母就要开动脑筋，费一番心思了。

有问卷调查显示，成绩不好的孩子回家之后，受训斥者占 85%。当然，受训的程度并不相同。拿成人来说，如果没有做好某件事，受到了训斥，一定对这件事不会再感兴趣。孩子更是如此，经常被训斥会导致孩子厌烦学习。失去对学习的兴趣，学习变成枯燥的事，是被逼无奈。

常常会有家长抱怨，自己的孩子贪玩，不爱学习，他们又着急又苦恼。俗话说："兴趣是最好的老师。"确实如此，孩子一旦有了学习兴趣，在学习过程中就能自觉地克服困难，活跃思维，促进学习活动有效地开展。

因此，家长应该在激发、培养孩子的学习兴趣上多下功夫，这是使孩子学得愉快、学有收获的重要途径。一旦孩子有了学习的兴趣，父母就无须为孩子的学习操心了。

儿童心理专家支招

怎样让孩子爱上学习？家庭教育问题在父母看来是家里最重要的话题，因为孩子就是家里的宝贝。那么，怎样让孩子爱上学习呢？做父母的遇到小孩子的这种学习问题都很是苦恼。

喜欢玩是孩子的天性，家长可以把"好玩"作为发展的硬道理，努力为孩子营造一种快乐的学习氛围。从孩子的兴趣爱好入手加以引导，孩子才能够由衷地喜欢上学习。

针对培养和保护孩子的兴趣，儿童心理学专家对家长提了几点要求。

1. 控制好自己的情绪

如果孩子对学习不感兴趣，成绩不理想，家长一定不要打骂孩子，这样只会让孩子更受伤害，亲子关系也会变得紧张。父母应该控制好自己的情绪，心平气和地与孩子进行沟通，了解孩子的性格、喜好，让孩子对学习感兴趣。

2. 淡化分数

现在许多家长只是注重孩子的分数，觉得分数决定一切。这种观念是错误的，孩子一定要均衡、全面地发展。家长应该淡化分数，注重孩子能力的培养。

3. 学会鼓励和表扬孩子

如果孩子对学习感兴趣了，并取得了进步，父母要及时地表扬孩子。孩子在学习时，家长应该鼓励孩子，这样孩子才会有信心做得更好。

二、成就动机：帮助孩子找到学习的动力

周冰的儿子现在上三年级，特别不爱学习英语。尽管儿子其他功课都不错，但周冰觉得，英语对孩子的发展很重要，不能落下。

正巧医院派周冰去美国进修半年，为了能够适应国外的生活，周冰必须突击一下英语。周冰想，如果让儿子和自己一起学英语，是不是儿子的英语也会进步呢？于是周冰要求儿子帮助自己学习英语，遇到一些常用的单词、短语以及对话，周冰都让儿子做自己的小助手和小老师。儿子对此非常感兴趣，他和妈妈一起寻找记忆英语单词的方法，也和妈妈进行简单的情景对话。

周冰的英语水平迅速恢复，儿子功不可没。在这个过程中，孩子有了学习英语的动力，不再排斥英语，他的英语能力和兴趣也大增。

孩子行为心理解读

许多孩子之所以厌学，是因为在学习中体验不到快乐和成就感。如果孩子在学习上经常受到父母或老师的批评、指责，就会产生挫败感，失去学习的信心。

不只是成人才需要成就感和满足感，孩子更需要时常得到肯定和表扬。父母如果能够了解孩子的成就感，就能够充分激发孩子的学习动力，让孩子不断进步，不断突破自己。很多家长以为，孩子那么小，哪有什么成就动机。

其实，一个人的成就动机从幼儿时期就已经开始萌芽了。孩子一旦体验到成功，内心得到满足，就有了继续学习的动力。因此，家长应该学会鼓励、赞扬孩子，让他们经常体验成功的喜悦。

然而，很多家长错误地认为，孩子只有在班级里名列前茅才算得上成功。

其实，这反而会打击孩子学习的积极性和自信心。有时，孩子小小的进步，或通过自己的努力解决了学习中的困难，都会让他产生一种成就感。家长要适时地表示赞扬和鼓励。

作为孩子，无论他完成了一件什么事，都渴望得到认可，渴望得到鼓励、表扬和夸奖。事实证明，成就感不仅会促使孩子不断进取，而且还会让孩子变得更自信。

现在，一些孩子没有成就感，是因为父母的期望过高，孩子根本没办法达到。如果存在这种情况，家长要适当地降低要求，给孩子松绑，帮助他们树立起学习的信心。孩子的智力、接受能力是不同的，家长应该全面了解自己的孩子，根据自己孩子的具体情况为他们制订一些容易达到的小目标，帮孩子树立信心、增强动力。

儿童心理专家支招

成就动机对孩子学习十分重要。如果孩子有成就感，就能以高标准来要求自己，做事会更努力。父母可以通过鼓励孩子的各种兴趣，帮助孩子获得成功，使孩子体验到成功的快乐。

在孩子四五岁时，家长就应该开始培养他们的成就感，这对孩子的发展很重要。其实，这个年龄的孩子特别需要别人的表扬和称赞，家长要充分利用孩子的这一心理，培养孩子的自信心。

三、椰壳效应：用孩子喜欢的学习方式提高他的成绩

杨果今年上一年级，最近这段时间特别不爱学习，每次不是忘了写作业，就是作业写到一半就跑去看动画片，根本没把心思用在学习上。

每次爸爸看到杨果这样就非常生气，责备道："怎么回事？说过多少遍了，做完作业再玩，你怎么就是记不住啊！"面对爸爸的责备，杨果总是不耐烦地扭动身子，指责也根本就没有效果。为此，妈妈决定改变对孩子的教育方法，让孩子爱上学习。

当杨果企图逃避做作业时，妈妈对她说："今晚我打算给你讲美人鱼的故事，这个故事有点长，可能要花很长的时间，所以你最好把作业做好，免得还要留一段故事到明天讲。"杨果感受到了妈妈的关心，又有喜欢的故事吸引她，所以作业做得又快又好。

孩子行为心理解读

很多家长为了帮助孩子克服厌学心理，使尽浑身解数，但总是收效甚微。这可能是家长的态度问题，父母们总是喜欢以居高临下的姿态命令或训斥孩子，告诉孩子应该这么做，不应该那么做。家长在教育孩子的过程中无视孩子自己的真实感受，也就不能激发孩子学习的动力。长此以往，即使家长再苦口婆心地说教也无法提高孩子学习的积极性，反而会让孩子产生厌学情绪。

因此，家长在教育孩子的时候，要站在孩子的角度来考虑问题，用孩子喜欢的方式引发他们的学习动力。也就是"椰壳效应"。

只要找到正确的方法，就可以消除孩子的厌烦心理。学习也是同理，如果家长能够了解孩子喜欢的学习方式，并给孩子一些自由的选择空间，孩子就不会再厌恶或躲避学习了。

每个家长都要学会做一个有心人，利用自己的智慧制造这样的"椰壳效应"，让孩子彻底摆脱厌学心理，爱上学习。比如，同样是作业，让孩子以自己喜欢的方式去完成，孩子的兴趣马上就会被激发起来，学习效果也会更佳，不仅能保质保量地完成，而且不需要家长的督促和反复提醒。

儿童心理专家支招

孩子在学习的过程中，或多或少都会有些毛病，这就需要父母不断地矫正和反复地强化，帮孩子养成良好的学习习惯。在这个过程中，家长一定要有耐心，细心捕捉生活中的"椰壳"，做成孩子喜欢的"碗"，让孩子化被动为主动，能够自主学习、成长。

四、罗森塔尔效应：用积极的期望激励孩子

7 岁的嘉俊非常调皮，邻居和老师经常向妈妈告状，说他不是欺负别的小朋友，就是打坏什么东西。妈妈也很头疼，孩子顽劣，打骂也没有效果。而且，每次犯错后，嘉俊都勇敢地承认错误，不过事后他还会继续犯错。

一次偶然的机会，同事给妈妈看了一篇介绍罗森塔尔效应的文章。于是，妈妈决定依照这一绝妙的心理效应，帮助嘉俊纠正他的顽劣行为。哪怕嘉俊取得一点成绩，一丁点的进步，妈妈也会看在眼里，并表扬、鼓励他。

当然，妈妈也会说："我觉得他们认为你调皮，是他们没有看到你其实很有想象力和创造力。不过很多人在展现优点时善于采取让他人更容易接受的方法，妈妈相信你也可以做到。"妈妈的这番鼓励还真管用，嘉俊取得了明显的进步。

孩子行为心理解读

罗森塔尔效应几乎已经成为大家耳熟能详的效应，但家长们有没有在实际生活中很好地运用呢？

美国著名的心理学家罗森塔尔在 1968 年做过一个著名的实验。他和助手来到一所小学，进行了一项"未来发展趋势测验"，他们向校长要了一份全校学生的名单，然后每班挑出三个，共 18 个学生，对校长说，这些学生就是最有发展前途的学生。8 个月后，他再回到学校时，这些学生在各方面都进步巨大，表现非常优秀。经过跟踪调查，这些学生成年后都在自己的工作领域取得了巨大的成就。人们把这种现象称为"罗森塔尔效应"。

其实这 18 个学生只是他们随机挑选出来的。因为校长对老师抱有期望，老师又对学生抱有很高期望，这些学生就朝着老师期望的方向发展了。

其实，这就是一种赏识教育，如果老师对学生抱有较高期望，学生从老师那里受到鼓励，就会以积极态度来予以反馈；反之，如果孩子被老师忽视甚至歧视，孩子就会以消极的态度对待老师的要求。

很多事实证明，人的能力、性格的形成，相当一部分取决于周围环境和他人的期待以及他对自己的期待。由于孩子的心智尚未成熟，心理能量较弱，受暗示性较强，容易被大人的期待所左右。孩子很容易相信和接受别人的判断，外来的期待就内化成为自己对自己的预期和判断。而当一个人相信了自己是怎样的人，就很可能成为这样的人。这可以叫作"自我实现的预言"。

因此，在孩子的教育方面，家长要以积极的态度期望孩子，让孩子朝着积极的方向前进。当然，物极必反，这种期望只有在合理的范围内才能产生积极的效果。假设父母非得要孩子在期末考试中取得第一名，那不是期望，也不是肯定，那是给孩子压力。在太大的压力之下，孩子就可能丧失自信，并会产生自暴自弃的心理。

儿童心理专家支招

由于年龄和认知上的局限性，孩子往往无法认识到自己的真正价值。父母应积极运用"罗森塔尔效应"，使孩子有一种良好的期待心理，从而树立"我能够成功"的信念，这一点对于孩子的未来非常重要。

家长对孩子的期待有一种潜移默化的影响。父母以积极的态度期望孩子，孩子就可能朝着积极的方向改进。相反，如果对孩子存在着偏见，孩子就会缺乏自知和自控的能力。因此，父母应该赏识自己的孩子，让孩子充满自信，相信自己。

五、感官协同效应：教孩子运用多种感官提高学习效率

为了让茂茂能够从小学好英语，妈妈总是有意识地教他几句英语，可是成效不佳。因为妈妈每次念几遍，茂茂边玩边听，听过之后就算完成任务了。

茂茂对妈妈说的英语从来不感兴趣，也不会跟着妈妈读一句。妈妈很发愁，想："自己的孩子是不是笨啊？"

现在茂茂的英语却非常棒，到底是怎么回事呢？原来妈妈向一位儿童专家请教过后，改变了自己的教育方式。她有时会给茂茂放一些好听的英文儿歌，有时会用茂茂的小玩偶来表演，让茂茂学习单词，这样茂茂也会参与进来，也愿意跟着妈妈说英语了。

孩子行为心理解读

美国心理学家格斯塔做过一个实验：他把智商相近的 10 个学生分为两组，第一组所在的屋里只有 5 张椅子和 5 本《圣经》；第二组除 5 本《圣经》外，还有几本宗教故事画集，并播放宗教音乐。然后，格斯塔要求两组被试者都背诵《圣经》，结果发现第二组成绩优于第一组。这是为什么呢？从心理学上来说，这是由"感官协同效应"引起的。

"感官协同效应"是指人们在收集信息的时候，参与的感官越多，所得到的信息就越丰富，所掌握的知识也就越扎实。也就是说，多种感觉器官一齐上阵，能够提高感知的效果。研究表明，从听觉获得的知识能够记住 15%；从视觉获得的知识能够记住 25%；如果把听觉和视觉结合起来，就能记住知识的 65%。

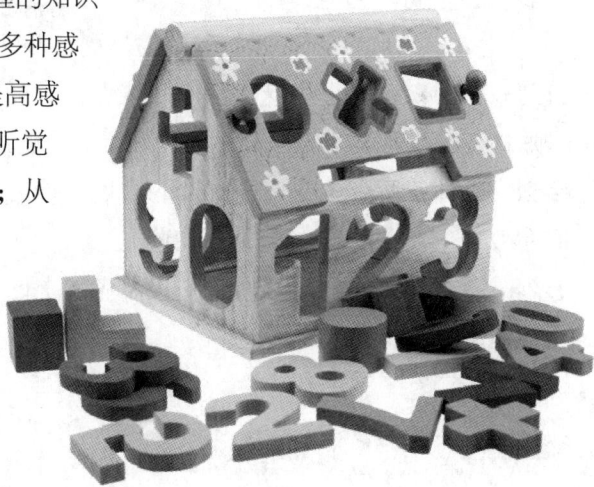

因此，如果想要孩子取得事半功倍的学习效果，就要指导他们在学习时尽量多使用几种感官，利用"感官协同效应"来加深自己的记忆和理解。

许多学生上课时，觉得把老师所讲的内容都记住了，但一做习题，发现老师在课堂上反复强调过的那些公式、定理等知识，自己印象并不深刻。这种现象十分普遍。其实，这就是孩子不会听课的表现，看似都记住了，却记得不准确、不牢固。

因此，孩子在听课时，一定要利用"感官协同效应"，这样才能将内容记得准确又牢固。孩子在听课时，要力求做到"五到"，即耳到、眼到、口到、手到、心到，多种感觉器官并用，多个身体部位参与，自然就加强了大脑不同部位参与"上课"的主动性，大脑处理信息的能力也会有所加强，这样就能产生很好的学习效果。

耳到——即耳听。注意听老师的讲解，听同学的提问，听同学的不同见解，听老师的答疑。

眼到——即眼看。认真读教材和一些参考资料，看老师的表情、手势，看老师的板书。

口到——即口说。复述老师讲授的重点，背诵重要的概念、定理，大声朗诵老师指定的段落，大胆提问，大胆回答老师的提问。

手到——即手写。画出老师讲授的重点，抄写有价值的板书。听课时，边听边在教材上圈出疑问，批注一下感想。

心到——对课上接触的新知识积极思考。上课时要跟着老师的思路转，有时发散思维，有时集中思考。

儿童心理专家支招

感官协同效应在孩子的学习中可以广泛使用。把几种感官调配起来，学生上课时注意力会更加集中，学习效果也会更好。

我国宋代的大学者朱熹就曾经提出一种"三到"读书法："读书有三到，谓心到、眼到、口到。心不在此，则眼看不仔细，心眼既不专一，却只漫浪诵读，决不能记，记亦不能久也。"这个方法被后人广泛使用，并发现非常有效。朱熹的观点其实就是感官协同效应的体现。

六、德西效应：避免不当的奖励机制削减孩子的学习兴趣

叶秋是一位高级女白领，在公司管理中驾轻就熟，但她对自己的儿子泉泉感到无可奈何，力不从心。泉泉上小学三年级了，虽然很聪明，但就是对学习缺乏兴趣，学习成绩也很差。

为此，叶秋经常和泉泉聊天，采用说服教育的方法，但一点儿效果也没有。后来，她从朋友那儿学会了奖励法，给儿子制订了一个"各科成绩奖励条例"，如泉泉的成绩到多少分就可以获得相应等级的奖励。

很快，叶秋苦心制订的"妈妈奖学金"取得了成功，泉泉对学习产生了巨大的兴趣，不仅态度变得认真了，而且也更加勤奋了，学习成绩有了很大的提高。

但过了两个月，泉泉故态复萌，又开始对学习三心二意了。于是妈妈制订了更加丰厚的奖励办法，但泉泉的学习情况越来越糟糕。

孩子行为心理解读

许多家长为了鼓励孩子好好学习会采用物质奖励的方式，并且对这种方式颇为认同，有的父母甚至说："给予孩子一定的物质刺激，远远比说教一百句管用得多。"

刚开始，父母的物质奖励的方式确实会奏效，孩子学习会努力很多。但时间一长，就慢慢地变得不尽如人意了，有些孩子开始出现厌倦学习的情绪，有些甚至把学习作为交换奖赏的筹码，逼着父母不停地增加奖金的数目，但效果仍然不大。这种奖赏之所以慢慢地失效，正是"德西效应"在起作用。

1971年，美国心理学家爱德华·德西做了一个实验。他让大学生做被试者，在实验室里解有趣的智力难题。实验分三个阶段，第一阶段，所有的被试者都无奖励；第二阶段，将被试者分为两组，实验组的被试者完成一个难题可得到1美元的报酬，而控制组的被试者跟第一阶段相同，无报酬；第三阶段为休息时间，被试者可以在原地自由活动，并把他们是否继续去解题作为喜爱这项活动的程度指标。

结果发现一种明显的趋势：实验组（奖励组）被试者在第二阶段确实十分努力，而在第三阶段继续解题的人数很少，表明兴趣与努力的程度在减弱；而控制组（无奖励组）被试者有更多人花更多的休息时间在继续解题，表明兴趣与努力的程度在增强。这个实验结果表明，进行一项愉快的活动（内感报酬），如果提供外部的物质奖励（外加报酬），反而会减少这项活动对参与者的吸引力。后来，人们把这种现象称为"德西效应"。

奖励运用得好可以达到良好效果，但如果一味依赖外在刺激，未必能事事如意，毕竟"金钱不是万能的"。教育的真正意义在于教育孩子为学习而学习，期待由学习而获得奖励的孩子，只是在为奖励学习而已。

心理学专家认为，动机是一个人发动或抑制自身行为的内部原因。而在学习方面，内在动机要比外在动机效果更好、更持久，有了内在动机，孩子才会有源源不断的动力。

如果家长让孩子养成为获得奖赏才去努力学习的习惯，孩子就体会不到出色完成一项工作之后的激动与兴奋，单纯求知的快乐可能会逐渐降低。而对于任何事情来说，兴趣才是更大更持久的动力，一旦失去了兴趣，做事的动机就会大大下降，这样反倒不利于培养孩子的成就感。

儿童心理专家支招

为了能让孩子主动学习，家长要避免不当的奖励机制，真正激发孩子的内部学习动机。具体做法有以下几点。

1. 激发孩子的求知欲和好奇心

家长可以根据孩子的知识经验和智力水平，设计一些似是而非的问题，使孩子对新知识产生巨大的吸引力，进而促进主动学习的愿望和意向的产生。

2. 学习动机迁移

学习动机迁移是把其他活动转移到学习上来，或者是把这一学科的学习动机转移到另一学科的学习之中。布鲁纳在《教育过程》一书中强调，在孩子还没有对某种学习产生内部学习动机之前，父母不应消极地等待，而是应积极利用原有的学习动机，因势利导地使之迁移到新的学习活动中。

3. 满足孩子的精神需求

孩子除物质需求外，还有被尊重、被爱、被社会认可、被理解等多方面的精神需求。而且，精神鼓励比物质奖励更有效，因为精神鼓励能激发孩子的内在学习动机。因此，家长应根据孩子的生理和心理发展特点，不断创新激励方式，不要单纯在物质方面进行刺激。

七、高原现象：有效克服学习中的停滞不前

王媛现在很苦恼，上一年级后，她突然变得不会学习了，每天总觉得脑子里一片混乱，像缺氧一样。她发现自己看到难题总是无从起笔，对容易的题目又草率了事，正确率越来越低。看到自己的低迷状态，王媛忍不住做出撕考卷、扔笔等过激行为，情绪波动越来越大。

王媛原本希望通过期末考试证明实力、展现自我，可现在平庸的成绩令她对自己很失望。她觉得自己无从着手，没有方向，感到很累、很疲倦。

孩子行为心理解读

很多孩子在学习过程中经常会遇到这样一个阶段，即努力学习到一定程度后，成绩出现停滞不前甚至倒退的现象。这就是学习中常见的"高原现象"。

出现"高原现象"的时候，不仅孩子着急，父母也着急，有时候甚至会表现出对孩子的失望，恨铁不成钢。父母常怀疑原因出在孩子身上，是孩子学习分心，不够专注，效率不高。做父母的哪一个不是望子成龙呢？但对于孩子的这种情况，家长一定要找到原因。

高原现象是如何产生的呢？总括起来，主要有以下四方面的原因。

1. 生理因素

当孩子身体状况欠佳，较为疲劳，或者生病，常常使人精力不支，从而造成心智技能提高缓慢或者下降。

2. 心理因素

学习兴趣的下降，学习动机的减弱，厌倦学习，或者缺乏顽强的毅力，遇到困难就退缩，或者急于求成，一旦遇到成绩不如意就自怨自艾、心情急躁等，这些心理因素都会造成成绩的停滞不前。

3. 学习方法不适当

学习是一种特殊的心智活动，成绩的提高需要改变旧的活动结构和完成活动的方式方法，而代之以新的活动结构和完成活动的方式方法。在人们没有完成这个改造之前，成绩就会常常处于停滞状态。

因为活动结构的改造往往是不容易的，采用新的方法也会遇到新困难，所以在改造之初，成绩不但没有提高，反而可能会有所下降，因而练习曲线会停留在固定的水平上或暂时下降。

4. 学习内容增加

随着学习的逐步加深，学习内容也会发生变化，从范围上来看，知识的容量在增加；从程度上来看，难度也在加深。这就更需要孩子对所学的知识掌握扎实，理解透彻，运用熟练，而且要把握知识各部分之间以及各学科之间的内在联系，形成系统化的知识网络。

如果前面所学的某些知识掌握不牢，理解不透，运用不熟，那么就很难形成准确、严密、清晰、连贯的知识网络，因而在运用这些知识去解决问题时就会显得力不从心，其学习效率和学习成绩就很难继续提高了。

儿童心理专家支招

那么，如何克服"高原现象"，使孩子取得更好的成绩呢？

1. 强化学习动机，保持良好心态

学习动机是直接推动人们进行学习的一种内部驱动力，是一种学习的需要。在学习动机中，明确的学习目的、强烈的求知欲望是其最重要的部分，对推动学习、克服"高原现象"有着重要的作用。实际上，"高原现象"的产生，是和孩子求知欲望的减弱、焦虑急躁、急于求成等相联系的。因此，要让孩子充满求知欲望，明确学习动机，循序渐进地进行学习，只有这样才能维持良好的学习心态。

2. 辅导孩子改进学习方法

孩子以往的学习习惯和学习方法影响和制约着学习成绩，因此，要提高成绩，就必须冷静反思在学习中哪些习惯、哪些方法是有效的，可以继续保持；哪些习惯和方法是有害的，必须克服和改进。找准病因，对症下药。

3. 家长应多与孩子进行交流

不管是学习上还是生活上，家长都要多关注孩子，多与孩子进行沟通，对其学习行为中的闪光点加以肯定和鼓励，对于错误也不应多加指责，而是和孩子一起分析错误形成的原因，并找到解决的办法。父母应多尊重和理解孩子，时常让孩子体会到努力后的成功感，增强孩子学习的信心，以期取得更好的成绩。

4. 加强锻炼，增强营养

保持充沛的精力也是克服"高原现象"的一个重要的条件。有些家长在孩子的健康和学习成绩上会选择学习成绩，认为现阶段孩子的主要任务便是搞好学习成绩。但孩子的健康也很重要，家长一定要让孩子加强锻炼，有强健的体魄。

八、7±2 法则：孩子的学习任务要适量

许多父母都会有这样的烦恼，自己的孩子记忆力很差，总是丢三落四，

交代给他的事情也记不清楚。做事的时候，刚开始还条理清楚，越到后面就越乱，不但前后左右搞不清楚，还经常张冠李戴。

张飘的妈妈也有这样的烦恼，她发现，让儿子背五首短诗和背一段差不多字数的文字，张飘很快就能记住诗词，却记不住同等长度的课文。类似的情况还有很多，公式太多，他就会糊涂；一段话太长，他也很难顺利背下来。因此，自三年级开始，由于课程变得相对复杂，需要记忆的内容也更多，更容易混淆，张飘便觉得学习吃力，学习成绩也差了。

后来，妈妈每天下班回到家的第一件事就是辅导他背诵课文。妈妈把一篇文章按照段落分成了几部分，然后让儿子一部分一部分地分开背，背熟之后再把它们连起来背。按照这个方法，张飘很快就把这篇文章记熟了。

孩子行为心理解读

有这样一个有趣的法则：随机给你一串数字，然后按照你所记忆的顺序，尽可能多地默写出来。一般人能回忆出 7 个数字，至少能回忆出 5 个，最多能回忆出 9 个，即 7 ± 2 个。这个有趣的现象就是神奇的 7 ± 2 法则。

19 世纪中叶，爱尔兰的一位哲学家观察到 7 ± 2 法则的存在。他注意到，如果将许多颗子弹散在地板上，人们很难一下子观察到超过 7 颗的子弹。1887 年，心理学家雅各布斯通过实验发现，对于无序的数字，人们能够回忆出的数量约为 7 个。发现遗忘曲线的艾宾浩斯也发现，人在一眼之后，可记住约 7 个字母。不久，著名心理学家米勒发表了一篇论文，即《神奇的数字 7 ± 2：我们加工信息能力的某些限制》。米勒认为，大脑在短期的记忆中很难一次接纳 7 个以上的"信息块"。

根据研究发现：人短时记忆的容量是有限的，并不能一次记太多东西。7 ± 2 法则不仅打开了认识记忆的窗户，让人清楚地了解到短时记忆的规律，也给家长指出了帮孩子提高记忆力的好办法：将记忆的信息块控制在 7 ± 2 的范围内。

家长在给孩子布置学习任务的时候，给予他的任务要适量，这样孩子学习起来才会轻松，也能达到显著的效果。

儿童心理专家支招

孩子的注意力和精力是有限的，不可能同时关注太多的学习任务。如果家长非要孩子学习更多，超出了这个范围，孩子的学习兴趣、能力和效果就会打折扣，因为这样不符合孩子学习的心理学规律。

现在教育一直在喊"为孩子减负"，这要先从家庭做起，家长不要过多给孩子增加学校教育以外的负担和压力，让孩子没有足够的时间休息与娱乐，将时间全部花在学习上，这种疲劳的学习效果未必会有多好。

学习之道，一张一弛。家长给孩子的学习任务适量，才有利于孩子的成长。

父母常见错误做法（九）

▣ 不当的奖励机制

有些父母为了鼓励孩子好好学习，会采用物质奖励的方式，这种方法刚开始可能会奏效，但时间长了，有些孩子会出现厌学情绪，甚至把学习作为交换奖赏的筹码。

▣ 给孩子制订过量的学习任务

有些父母为了提高孩子的成绩，会过多给孩子增加学校教育以外的负担和压力，让孩子没有足够的时间休息与娱乐，将时间全部花在学习上，这种疲劳的学习效果未必会有多好。

经验指导篇

　　父母是孩子的第一任老师，家庭是人生成长的摇篮，优秀孩子的背后一定有优秀的教育方法。但许多父母对孩子的心理教育存在一些误区，本篇将为大家解说这些误区。同时，带你探寻明星的育儿经验，学习名人的教育智慧，让孩子从普通到优秀，改变孩子的一生！

现在的父母花了很多时间、精力和金钱在孩子身上，而且在孩子的教育上更加民主。可是，现在的孩子却比以前的孩子更骄纵、难管了。这主要是由于父母的教育方法不当，不仅事倍功半，还对孩子的心理产生了不良的影响。现在的生活方式和水平有很大的改变，而父母却没能及时调整教育方法。除此之外，很多父母都对育儿方法生搬硬套，不能灵活运用，所以才陷入心理教育误区。

第十七章

"坏孩子"父母造——
父母不可不知的心理教育误区

一、父母过于溺爱，造成孩子的任性

　　灵灵4岁了，因为小时候爸爸妈妈工作比较忙，灵灵从小就跟着爷爷和奶奶。爷爷奶奶把灵灵当作掌上明珠，对她百依百顺、宠爱有加，结果灵灵养成了固执、自私、任性的性格。你让她向东她偏向西，她想要什么就得立刻给什么，如果不给就大哭大闹，甚至赖在地上撒泼。

　　有次妈妈带灵灵去超市，灵灵看到一个特别喜欢的玩具，非让妈妈买给她。可是，妈妈觉得前两天刚给灵灵买了好多玩具，而且她看中的玩具家里有几个类似的，所以就不同意。结果灵灵在商场哭了起来，还在地上打滚，就是不起来。妈妈特别生气，硬抱着她回家了。

宝贝儿，别哭了！

　　灵灵回到家还在哭。看孩子哭得这么伤心，爷爷奶奶很心疼，便又开着车带她去买玩具。

孩子行为心理解读

　　现在的孩子，尤其是独生子女大多数会有任性的坏习惯。这些孩子往往比较固执、不听从劝告、不接受他人意见，当他提出的要求得不到满足时，就大哭大闹，甚至在地上打滚。任性是孩子身上常见的一种不良心态，养成这种不良品质的原因，有如下几个方面。

1. 家长的溺爱

　　有些孩子的任性完全是家长惯出来的。不管孩子提出的要求是否合理，家长都不忍心拒绝孩子，总是尽最大的努力满足孩子的一切要求。时间长了，孩子就会形成以自我为中心的心理，要求家长必须顺着自己。

2. 家长教育不一致

现在的孩子多为独生子女，六个大人围着一个孩子转，尤其是祖辈的老人对孩子更加宠爱，所以祖辈和父辈的教育观念难免会有分歧。他们对于孩子的不合理要求，处理方式或者意见难免不一致，甚至互相矛盾。一方批评孩子，就会有另一方甚至是几方护着，次数多了，孩子就很难管教，任性也就愈演愈烈了。

3. 教育方法不当

有的家长对孩子的不合理要求缺乏耐心的教育，总是选择训斥或强力制止，甚至不分时间、场合，孩子为了保全自己的面子，也会产生任性对抗行为。

儿童心理专家支招

孩子任性的坏毛病往往是家长溺爱和迁就造成的。因此，要想改变孩子的不良习惯，首先得改变家长对孩子的态度。具体做法有以下几点。

1. 不迁就、不溺爱

当孩子任性的时候，家长不能过分迁就和宠溺，也不要劈头盖脸地严厉批评，更不能打骂，可以因势利导，正面耐心地讲道理，给孩子说明不合理的要求不能满足的原因。无论孩子如何耍赖，家长一定不能心软，对孩子无礼的要求不能迁就。

2. 教育时保持一致

对待任性的孩子，家庭成员教育孩子的观点应保持一致。一方批评孩子时，其他家庭成员最好不要出面袒护、干涉。如果大人之间有意见不同的时候，不要当着孩子的面争吵，要避开孩子去商量。

3. 控制自己的情绪

许多家长在管教孩子时容易情绪失控，这会影响管教孩子的效果。因此，当孩子任性时，家长一定要控制好自己的情绪，用冷静的头脑对孩子进行管教。

二、父母常开"空头支票"，让孩子习惯撒谎

杜菲菲本来学习很好，可是上了三年级以后学习成绩就一直下降，为此妈妈也非常着急。前段时间，当菲菲提出要去游乐园玩时，妈妈灵机一动对她说："菲菲，你好好学习，如果你期末考试能进班里前3名，妈妈就带你去！"

听了妈妈的许诺，菲菲非常高兴，学习也有动力了，上课的时候认真听讲，回家之后也总是先写作业。经过一段时间的努力，杜菲菲如愿以偿，取得了第1名。

当菲菲将成绩告知妈妈后，妈妈也很高兴，但只字不提当时的承诺。后来，菲菲要求妈妈带她去游乐园玩，可是妈妈以上班忙、没时间为理由，拒绝带菲菲去游乐园。菲菲气哭了，可是妈妈对她的哭闹很烦，就训斥了她几句。

菲菲十分伤心，决定再也不相信妈妈的话了。之后，菲菲的成绩不仅下降了，还学会了说谎。

孩子行为心理解读

做人必须要言而有信，尤其是对孩子，它不仅仅是简单地兑现某个诺言，更深层的意义在于培养孩子遵守诺言的意识。但生活中，很多父母做不到信守承诺，总是给孩子开空头支票，他们往往会为了达到目的而轻易对孩子许诺，达到目的后就把承诺抛到九霄云外。

儿童心理学家罗达·邓尼曾说："父母错了，或违背自己许下的诺言时，如果能向孩子说一声对不起，可以帮助孩子建立自尊，同时培养孩子尊重人的习惯。"由此可见，父母的行为对孩子的影响很大。如果父母长时间不遵守诺言，孩子就会对父母的言而无信感到生气，并且不再相信父母的话。这样亲子关系也会受到影响，降低孩子对父母的信任度。

其实，家长的出发点是没错的，都是希望孩子能做到更好而给孩子点动力。但家长的"爽约"使承诺带来的正面刺激一步步走向消失，最后的结果反而更加不好。

儿童心理专家支招

如果孩子不信任家长，那么家长也就没有威信可言。父母失信于孩子，害处是相当大的。因此，父母一定要言而有信，切不可为了达到某种暂时的目的而欺骗孩子，对孩子撒谎。那么，家长如何在孩子心目中树立起言而有信的榜样呢？儿童心理学专家建议父母，许诺时要注意以下几个方面的问题。

1. 尊重孩子、言而有信

家长不能因为孩子小，就觉得孩子不懂事，许下的诺言就不重视，无论能否兑现都不在意。家长要尊重孩子，在孩子眼中守信用是最重要的。孩子之所以会抱怨说父母说话不算数，只是想要实现自己的愿望而已。

2. 不要胡乱许诺

家长的许诺本是为了让孩子成长，想要起到正面教育的作用，所以家长不要胡乱许诺，在孩子面前夸口。承诺太多而不能兑现，不仅起不到正面教育的作用，还会使父母在孩子心目中的地位大大降低。

3. 积极应对诺言不能兑现的结果

如果家长因某些原因影响了诺言的兑现，孩子感到失望时，家长不可强迫孩子接受许诺不能兑现的结果。家长应主动而诚恳地向孩子道歉，把不能兑现的原因跟孩子讲清楚，取得孩子的理解和原谅，并在以后寻找适当的机会兑现自己没有实现的诺言。

三、父母常吵架，导致孩子心理畸变

陶陶的爸爸妈妈经常因为一点小事而争吵，每次吵完之后爸爸妈妈就反省，下次一定要出去吵，或者等孩子不在的时候吵。可夫妻两人都是急性子，脾气上来了怎么也压不下去，当着陶陶的面就吵得面红耳赤，甚至扔东西。

刚开始的时候，见到爸爸妈妈吵架，陶陶总是吓得哭。现在陶陶出现了一些变化，每次有什么事情不顺她的意，她就扔东西，大声哭闹撒泼。有一次，爸爸妈妈吵架，陶陶就在边上直愣愣地看着他们，突然把手中的木偶向爸爸妈妈砸过去，大声说"吵死了，别吵了你们"。每当爸爸妈妈吵架，陶陶都是很烦躁的样子。

孩子行为心理解读

有调查表明：父母经常吵架的孩子，心理问题检出率为 32%；离婚家庭的为 30%；和睦家庭的为 19%。而且经常面对家庭"战火"的孩子，容易焦虑多疑，陷入人际交往障碍，对未来生活缺乏信心，尤其易对婚姻产生恐惧感。

父母吵架对成人而言是很平常、能理解的，但对孩子而言是很严重的事情。不论家长平时多爱孩子，也弥补不了父母在他们面前吵架对他造成的伤害。当父母吵架时，孩子的安全感就会受到很大的冲击。家长在吵架的时候，有时会失去理智，说出尖酸刻薄的话，甚至还会大打出手。这些都会让孩子感到恐惧，更严重的是容易让孩子觉得"爸爸妈妈会分开，他们不要自己了"，让孩子丧失基本的安全感。

除此之外，父母也是孩子的第一任老师，他们的行为会对孩子产生影响。如果父母争吵不断，家庭就不能给孩子提供应有的安全和温暖。有研究表明，经常面对家庭"战火"的宝宝，容易焦虑多疑，对未来生活缺乏信心。

儿童心理专家认为，夫妻经常吵架，还当着孩子的面，会给孩子造成较大的心理压力。如果孩子心理情绪发泄不出去，一直压抑着，时间长了，孩子的心理防御也会转化成躯体方式体现出来，比如好动，看到父母吵架就紧张到全身发紫等。

儿童心理专家支招

父母吵架会对孩子产生许多不良影响，因此家长要学会尽量控制自己的情绪，在双方意见不同时，能忍就忍。如果实在没有办法，也要注意以下几点。

1. 不要把孩子卷入"战火"中

家长也是凡人，相处久了难免会发生摩擦。这个时候，家长一定不要把孩子卷入到"战火"中，这样孩子可能会觉得父母吵架是因为自己做得不好。家长吵架时尽量避开孩子，千万不要让"战火"伤到孩子。

2. 吵架后要及时安抚孩子

吵吵闹闹很正常，但千万不要以为吵架是件丑事而不敢承认。当父母吵架没有避开孩子时，父母要和孩子进行沟通，要向孩子解释："爸爸妈妈刚才都太生气了，一时冲动，没有控制自己，所以语气会不好，说话很大声，但爸爸妈妈都很爱这个家，很爱你。"尽管孩子可能对这些解释似懂非懂，但看到爸爸妈妈平心静气地讲话，孩子自然也会平静许多。

四、父母使用冷暴力，小心孩子患上心理疾病

赵宇上小学三年级时成绩相当好，经常帮助同学，还被评为三好学生。而且，他在家里表现也很好，常常帮妈妈做些力所能及的事情。赵宇在班上算是学习好的同学，有时同学有不会的题目也愿意请教他，因为赵宇讲解得很清楚，而且有耐心，不会因为同学听不懂而生气。

一天放学后，赵宇帮同学复习当天新学的内容，回家有些晚了。爸爸以为他是和同学出去玩了，不由分说地就是一顿批评。尽管爸爸知道了事情的原委，也没有给赵宇道歉，而且碍于面子也没有理会赵宇。

赵宇看到爸爸不理自己，也变得沉默寡言，觉得爸爸不喜欢自己，亲子关系也变得很差。

孩子行为心理解读

赵宇的爸爸不理会孩子，就是对孩子的一种冷暴力。家庭冷暴力主要包括：冷淡、轻视、放任和疏远。冷暴力也是暴力的一种，会使他人精神上和心理上受到侵犯和伤害。

有些家长总是不断要求孩子，孩子一旦达不到他们的要求或者做错事，便对孩子冷眼相向，不理不睬。而案例中，赵宇的爸爸以为赵宇贪玩，尽管是误会，也对孩子实施了冷暴力。受家长的影响，孩子的心理也会产生问题。

如果家庭冷暴力很严重，孩子也会患上心理疾病，严重的话还会形成自闭症，甚至因为压力大走上了轻生的道路。因此，在对孩子的教育中，家长要避免对孩子使用冷暴力。

其实，家长所做决定的出发点也是为孩子好。毕竟"天下无不是的父母"，他们并不是有意伤害孩子，但冷暴力的结果未必如父母所想。面对家长的冷暴力，孩子未必能理解，有时还会被这种暴力伤害得更深，而这种伤害很可能反过来伤害父母。

家长使用冷暴力，还是因为亲子之间的沟通不够，父母和孩子之间无法相互理解。只有建立了良好的沟通渠道，家长才能更好地引导孩子。在对孩子的教育上，家长应该讲究方法，要对孩子有耐心，不要随意对孩子使用冷暴力。

儿童心理专家支招

父母对孩子使用冷暴力可能会给孩子带来一生的阴影。如果不管孩子做什么，家长都冷漠对待，只关注孩子的成绩，而不管其内心是怎么想的，会对孩子造成伤害。因此，家长不要使用冷暴力。家长要多与孩子沟通，只有对孩子敞开了心扉，孩子才会告诉父母自己的真实想法。

五、父母期望过高，孩子容易在高压力下自我否定

依依出生在一个富裕的家庭，爸爸是一家外企的副总，妈妈是大学教授。因为依依是家里唯一的孩子，所以她的爸爸妈妈为她设立了很高的标准，希望她各方面都非常优秀、出色。为此，爸爸妈妈在依依很小的时候就给她报了很多的班。

依依也非常努力，成绩一直名列前茅。而且艺术课的成绩也不错，钢琴考过了十级，舞蹈拿到了五级证书，而且参加英语比赛也获得了很多奖项。尽管依依如此优秀，仍无法让她的父母满意，因为他们给依依定的标准是永远争第一。每当依依拿着自己满意的成绩单给爸爸妈妈看时，得到的总是爸爸妈妈的训斥："这么简单的题都答错！你怎么这么笨啊！"爸爸妈妈的高期望给依依造成了很大的心理压力，也让她很伤心，觉得自己真的很笨。

孩子行为心理解读

父母总是希望自己的孩子是最优秀的，因此有的家长对孩子的期望会过高，甚至要求苛刻。这对孩子往往是一种压力，引发孩子的紧张情绪，而最后的结果也经常是事与愿违。

在孩子面前，家长的话语具有绝对的权威，有时父母的一句无心之言也会对孩子产生很大的影响，使孩子完全否定自己，产生自卑心理。有些父母常对孩子说"你怎么这么笨，看看人家，可比你强多了"之类的话，这可能是一时冲动而说出的令人气馁的话，但孩子容易把话当真，因为这些话会对孩子有强烈的暗示作用。因此，家长在教育孩子时，一定要注意自己的言语是否得当，千万别伤了孩子的心。

为了让孩子出人头地，有所成就，很多家长总是想尽各种办法来培养孩子，但家长在一心为孩子的未来铺路时，经常忘记了孩子健康成长的最重要

因素，以至于事倍功半，无功而返，不但使孩子的童年充满了痛苦的回忆，还让亲子关系蒙上了一层阴影。

俗话说："欲速则不达。"教育孩子也是一样的道理。如果家长对孩子的要求太高，孩子拼尽全力也无法达到父母定制的目标时，就会觉得自己很笨，自信心也会在打击中消失殆尽。

作为父母，要对孩子的个性、身心发展阶段有所了解，能理解孩子容易犯的错误，能对孩子的进步给予适时、恰当的鼓励，而非一味的责难。为了让孩子做得更好，家长可以让孩子把目标分成几个步骤来做，每一步都要在孩子的能力范围之内，使他们能够体会到成功的喜悦，一点点的小积累终将成就金灿灿的未来。

儿童心理专家支招

在成长过程中，孩子的健康才是最重要的。因此，即使家长对孩子有高期望，也不要给孩子太大的压力，要让孩子健康快乐地成长。如果家长对孩子的期望过高，给孩子的压力过大，孩子就像被套上了沉重的枷锁，再也无法前进，甚至会渐渐失去自信，陷入自卑的深渊。

六、父母爱唠叨，违反了超限效应

李莉刚上一年级，由于性格的原因，她做事总是慢吞吞的。可是李莉的妈妈是个急性子，一看见李莉磨磨蹭蹭的，就会失去理智地催促："快点，快点！"

李莉对于妈妈的催促早就习以为常了，听着也没有感觉了，不但没有任何反应，有时还故意等妈妈念叨完后，把妈妈说过的话慢条斯理地用拼音拼读一次。

每次听着李莉的拼读，妈妈心里就犹如千万只猫爪在抠挠，简直忍无可忍。但妈妈知道，对孩子不能用暴力制

止，所以总是尽量控制自己的情绪。尽管这样，每次李莉做事一慢，妈妈还是条件反射似的开始说："快点，快点！"

可是，妈妈的唠叨在李莉身上真的没有什么作用，有时她听着妈妈的唠叨还故意把节奏放得更慢。

孩子行为心理解读

父母对孩子的爱是无私的，他们总是一心一意为孩子着想。当孩子犯了错，他们会反复劝说，尽管他们很累、很辛苦，但孩子往往也会觉得很烦。这就是心理学上的"超限效应"，如果外来的刺激过多、过强或作用时间过久，就会使人感觉不耐烦，甚至产生逆反心理。

案例中，李莉的妈妈整天无数次地提醒孩子加快速度，一直说"快点"。这种唠叨就是一种反复、单调的刺激，无异于"疲劳轰炸"。年纪较小的孩子对此可能会无动于衷，但当孩子大了就可能会出现叛逆行为。

尽管许多家长也明白唠叨无用，但就是改不了唠叨的毛病。这主要有以下三个原因。

1．不相信孩子

有些家长潜意识里不相信孩子，总认为孩子不听话，于是不由自主地反复强调自己的要求，对孩子唠叨个没完。

2．急于求成

父母有时会急于求成，苛求自己说到的，孩子马上就能做到，可是却忽略了"他只是个孩子"，他改变习惯也需要一段时间。

3．不尊重孩子

有的家长认为孩子是自己的，就必须要依从自己的意见。这种专制行为容易导致孩子情绪恶化，故意不按家长要求做。

儿童心理专家支招

父母爱唠叨，后果很严重。怎样才能避免"超限"，让孩子听话呢？

1. 一天之内，批评不要超过两次

家长唠叨得越多，孩子听话的概率就越小，家长的威信就越低。因此，儿童心理专家建议，不管是针对同一件事，还是不同的事情，家长的批评一天之内不要超过两次。家长要学会抓大放小，可说可不说的就不说；同时有好几件事，就挑重要的说；复杂的事情，分步说。

2. 批评孩子要就事论事，不要翻旧账

有些唠叨的家长在说一件事的时候，总是爱翻旧账，把对孩子各方面的不满都说出来，这就犯了"超限"的禁忌。家长在教育孩子的时候要用简单的话语，把孩子当下的错误说出来，并提出期望，同时尊重孩子改变的过程。

3. 用表扬代替批评，有时效果更好

孩子也喜欢美好的东西、渴望成功，所以在教育孩子方面，家长要适时适度引导孩子，响鼓无须重锤。当孩子做得好时，要多表扬多鼓励，不要动辄就批评孩子。有时表扬的效果远比批评来得好。

4. 适时放手，培养孩子的自我管理能力

父母还应学会适时放手，让孩子体验错误的后果。不包办代替，不监督孩子，与孩子建立信任关系，让孩子管好自己，主动学习，主动做自己的事，并让孩子自己承担后果，孩子才会"吃一堑，长一智"。

自《爸爸去哪儿》火遍整个荧屏后，各大媒体不断推出亲子类真人节目，"星爸"和"萌娃"的组合也让无数的观众为之倾倒。这类亲子节目，将亲情放在大众视线之内，让大众感受到父母和孩子之间的亲情。现在，越来越多的明星已经为人父母了，他们的育儿方法也备受世人关注。这些辣妈、奶爸和普通父母一样，享受着孩子带来的喜悦和烦恼。下面我们就来看看，生活在聚光灯下的明星们有什么育儿高招吧！

第十八章

明星也是人——

教育专家讲讲明星父母育儿那些事儿

一、林志颖　要蹲下来和孩子说话：平等

自《爸爸去哪儿》开播以后，孩子们超萌的天性和天真的话语迅速俘获了全国观众的心。在第一季节目中，最受关注的要数林志颖和 Kimi 了。从节目中可以看出，林志颖是一个亲子沟通的高手，他的许多做法让我们不得不为这位"不老神话"再次鼓掌。

在节目中，林志颖和 Kimi 交谈时经常都是蹲下来的。

情景一： 当节目组要求所有的小朋友上交零食和玩具时，Kimi 不愿和玩具"小黄"分离，伤心大哭，此时林志颖是蹲下来，抱住 Kimi 和他沟通。

情景二： 在破房子里，Kimi 和蜘蛛玩了一会儿，想起了妈妈，此时，林志颖走过来，再次蹲下身去，抱住孩子，轻声安慰道："你找妈咪做什么？妈咪没有来啊，我们今天先在这里好不好？你陪爸爸好不好？来，爸爸抱！"

孩子行为心理解读

在孩子哭闹、思念妈妈时，蹲下身，轻轻地抱住孩子，温和地询问，没有拒绝，没有不耐，没有压制。这看似一蹲一抱的动作，表达了父亲完全接受了孩子的情绪，还给了孩子充分的尊重、关注和接纳。

我们一直强调尊重孩子，和孩子在一起时蹲下身子，用孩子的视角，平等地与他们交流和沟通，才能真正融入孩子的内心，才是真正地尊重孩子。

从星爸林志颖的角度来看，这个"蹲下来"不仅是指生理高度上尽量地和孩子保持相同的高度，而更重要的是亲子间的平等沟通的心态，把孩子看成一个需要尊重的独立的个体。所以说，当家长与孩子的目光平视时，表达的是一种平等的态度。

父母蹲下来，与孩子的目光保持平等，温和地与他交谈，不但拉近了双方物理上的距离，更拉近了彼此内心的距离。蹲下来，保持与孩子同样的视野，才能看到孩子所看到的画面，了解他内心的感受。

蹲下来，不仅仅是一种身体姿势，更是一种平等的态度。温柔地陪伴，

耐心地对话，与孩子平等地沟通，孩子才会告诉你他的真实想法，让你走进他的内心世界。

儿童心理专家支招

虽然父母给了孩子生命，但是孩子并不是大人的附属品，更不是为人父母者的活玩具，孩子是独立的个体。倘若家长想让孩子对自己敞开心扉，就必须和孩子成为朋友。

蹲下来和孩子说话，放下父母权威的架子，给予孩子爱、自由和平等，像对待朋友一样对待你身边的"小大人"。当心的距离被拉近时，你说的话孩子自然会愿意听。

父母的责任不只是把孩子养大，而是陪孩子一起长大。蹲下来和孩子说话，不仅仅是姿势和位置的问题，最重要的是要真正地关注孩子的发展，关注孩子的感受，只有当我们对孩子感同身受时，我们的教育离成功才不会遥远。

二、王艳　不强求孩子听大人的：换位思考

扮演"晴格格"的王艳尽管已是豪门富太，对孩子的教育仍是亲力亲为，因此对于如何教育孩子有着许多心得。王艳最大的育儿心得就是和儿子球球做朋友。王艳在教育球球时，总是以身作则，用自己的行动潜移默化地影响孩子。

王艳把工作之余的很多时间都用在儿子身上，她非常仔细地观察孩子的一举一动，并因材施教。王艳说："球球对玩具有自己的玩法，如果我按说明书上的玩法教他玩，他是不听的。如果你硬要他按别人的想法来做，他就会很生气，会甩开你的手。但换个方法，婉转地、巧妙地去吸引他，如果他对你玩玩具的方法感兴趣了，他就会听你的。"

从这件事上，王艳学会了换位思考，站在孩子的角度思考问题，不强求孩子听大人的。

孩子行为心理解读

生活中，我们经常会听到别人夸奖自己的孩子很听话。听话，也似乎成了家长都希望孩子能够做到的，如果孩子不听自己的，父母就有可能大发雷霆。

其实，我们应该想一想，孩子为什么要听自己的，难道就仅仅因为我们是他们的父母吗？如果家长所说的是错误的，孩子也要按照你的指示执行吗？那岂不是害了孩子？

要想孩子拥有健全的人格，不能以"听话"来评价孩子，不要要求孩子时时处处都听大人的。对于一些事情，孩子有自己的想法，也许这些想法有的是错误的，家长可以从旁帮助。但孩子有自己的想法，孩子的想象力和思维能力会得到发展，而这些有时候比知识更重要。

因此，不要总是告诉孩子什么可以做、什么不可以做、要这样做、不要那样做……

儿童心理专家支招

父母在教育孩子的过程中，要和孩子一起学习，一起成长，发现自己的不足。家长对待孩子切不可情绪化，非要孩子听自己的，否则就发脾气，这样的做法是不利于孩子的成长的。父母在教育孩子的过程中，要随时反思自己，总结经验教训。

父母应该全面关注孩子，但尽量不要强求孩子接受大人的帮助，也不要强求孩子说他自己不想说，或者认为没必要说的事情。家长应该让孩子自己选择，支持、鼓励孩子学着去解决生活中遇到的一些小事。

每一个孩子都是天使，没有"问题孩子"，只有"问题父母"。孩子教育得好坏，完全取决于父母。家长只有真正地尊重孩子，从孩子的视野去尊重孩子的发展，才能教育好孩子。

三、黄磊　共同树立家长权威：立场一致

多多在第二季《爸爸去哪儿》中懂事、乖巧伶俐的形象打动了很多观众。相信许多爸爸妈妈都会觉得多多的爸爸妈妈教育得很好。有全能型明星奶爸黄磊，和甘愿为家庭放弃演艺事业的妈妈孙莉，女儿黄多多自然得到了完整的爱护。

在孩子教育方面，黄磊称他们也是最普通的爸爸妈妈，教育女儿上主要是采用统一战线的方式。如果女儿出现了问题，他们夫妻会一起批评，而如果孩子表现得好，他们也会一起表扬。

黄磊认为，在孩子教育方面，如果父母立场不一致，那么孩子就会钻空子，在爸爸那里行不通就去找妈妈，或者妈妈那里行不通就去找爸爸，这样是非常不好的。只有让孩子知道父母的立场是一致的，才能克制孩子的某些行为。

孩子行为心理解读

生活中，家庭成员在教育孩子的问题上经常出现分歧，有时是夫妻之间的，有时是父辈与祖辈之间的。家长的这些问题如果处理不当，很容易使孩子无所适从，进而导致教育失败。

即使感情再好的夫妻，在孩子的教育问题上也难免会有存在分歧、观点不一致的时候。如果父母在孩子面前因为分歧而争吵，不仅会影响夫妻感情，也会让孩子左右为难。

还有一种情况，就是孩子的父母观点一致，爷爷和奶奶，或者姥爷和姥姥在教育孩子上，与父母不一致。本来孩子做错事，应该批评教育，但老人觉得不是什么大问题，不应该批评；本来不应该给孩子买的东西，因为溺爱，老人却满足孩子的要求。祖辈的这些做法，孩子的父母看在眼里，觉得不妥当，但也毫无办法。

著名教育家陶行知先生认为："做父母的对子女的教育应有一致的措施。中国家庭教育素主刚柔并济。父亲往往失之过严，母亲往往失之过宽，父母所用的方法是不一致的。虽然有时相成，但弊端未免太大。因为父母所施方法宽严不同，子女竟至无所适从，不能了解事理之当然。并且方法过严易失子女受害受心，过宽则易失子女之敬意。这都是父母方法不一致的弊病。"

家庭成员在教育孩子的时候，要持一致的观点，帮孩子养成良好的习惯。

儿童心理专家支招

在孩子的教育问题上，如果家长处理不当，当着孩子的面发生分歧，对孩子没有一点好处。不仅孩子的问题得不到解决，家庭成员的关系也会变得紧张。那么，在教育孩子上，家长该如何应对这样的问题呢？

1. 共同树立"家长权威"

在孩子看来，父母和老师是权威的象征。但父母必须保持立场一致，如果两人出现分歧，孩子就会左右矛盾。在教育孩子时，父母可以先沟通，再把统一后的观点传达给孩子。

2. 不要当着孩子的面互相指责

如果家长在教育孩子上出现分歧，一定不要当着孩子的面互相指责，这样不仅教育不好孩子，还会影响孩子以后的家庭观。因此，有分歧要私下解决和沟通，不要给孩子做坏榜样。

3. 主动倾听孩子的心声

在教育孩子的时候，家长也要主动与孩子沟通，耐心倾听孩子的心声，让孩子勇于表达自己的想法，让孩子觉得自己是被父母平等对待的。这样孩子才会主动与父母沟通，了解父母的用心良苦。

四、贾静雯　发现女儿的潜台词：体谅

虽然经历婚姻的挫折，但贾静雯并没有放弃为人母的权利。目前，女儿梧桐妹跟着贾静雯生活。贾静雯常说："女儿叛逆期来得很早，你越是叫她去

做什么，她就越不去做，总是说：'我不，就不，偏不！'"梧桐妹不仅从小就有主见，有时也会故意和妈妈赌气说："我不爱妈妈了，我不要你！"

听孩子这样说，相信很多妈妈都会伤心。但贾静雯不会，因为她知道孩子发脾气是为了引起妈妈的注意。贾静雯说："她知道她那样说能伤到我，但是我要告诉她，她不能伤到我，因为我知道她很爱我。"正是因为贾静雯发现女儿的潜台词，才能更好地了解女儿。

孩子行为心理解读

有时大人也不得不佩服孩子的小智慧，它们就像是与生俱来的。因此，家长千万不要小瞧孩子，他们其实是很灵巧的。父母对他们所说的话不能直白地理解，否则可能会产生误会，沟通不畅。

家长一定要体谅孩子，不能只听孩子嘴上说的，更要理解孩子心里想说的。那孩子嘴上说的和心里想的到底有什么差别呢？下面我们就来看几个例子：

例1

孩子嘴上说：

妈妈，你是爱我还是爱舅舅家的妹妹？

孩子心里想：

妈妈，我希望我是你最爱的孩子。但是，看到你对妹妹的态度比对我好多了，我有些担心，你是否还最爱我，我需要你明确地告诉我。如果我知道你是最爱我的，我会很高兴，同时会和你一起爱舅舅家的妹妹。

例2

孩子嘴上说：

妈妈，这次考试如果我考了八十多分，你会生气吗？

孩子心里想：

妈妈，我希望不管我考多少分，你都一样地爱我，而不是考得好，你就多爱我一些；考不好，你就对我凶一些。你一如既往地爱我，会让我反省自己，而不是考不好试觉得对不起爸妈，这种对不起爸妈的感觉很难受，我不想这样。

儿童心理专家支招

小孩子也有自己的小心思，他们的语言中往往还有更深层的潜台词。当孩子的话不再直截了当，而是委婉含蓄时，父母要学会听懂孩子的潜台词，这样才能了解孩子的内心想法，才能和孩子更加顺畅地沟通。

对于孩子的这些潜台词，爸爸妈妈应该怎么办？

1. 为孩子感到高兴

孩子懂得说带有潜台词的话，是聪明的表现，表明孩子懂得委婉地表达自己的意思，也说明孩子说话的时候懂得考虑别人的感受，以及懂得体会别人的潜台词。因此，当孩子说了一些带有潜台词的话语时，父母应该感到高兴。

2. 解析孩子的话外音

学会听懂孩子的潜台词，就是当孩子讲起一件事时，不要就事件本身与他探讨，而要分析孩子的话外音。要学会从孩子的语言中，分析孩子心里到底是如何想的。

3. 体会孩子潜台词所表达的心情

孩子有时说带有潜台词的话，并不是需要爸爸妈妈帮他解决问题，他只是想让爸爸妈妈理解他的心情和感受。当孩子发现自己被爸妈理解了，他就会感到欣慰。

五、吴镇宇　严父如山，大爱无言：恩威并施

在《爸爸去哪儿2》中，吴镇宇一改往日"冷血""神经质"的荧幕形象，变身为恩威并施的好老爸。节目中吴镇宇对儿子 Feynman 的方式有温柔也有坚持。

Feynman 失手打翻水杯使吴镇宇暴怒，责令儿子一人善后。虽然在别人看来，打翻水杯是件微不足道的小事，没必要对孩子这么严厉。但吴镇宇却有自己的打算。"Feynman 总是精神不集中，我想对他严厉一点会让他记住"。

这就是吴镇宇的教育方式，在事情发生后留给孩子一点时间，让孩子独立思考。不过，发完脾气，吴镇宇转眼就去门口拎回可怜兮兮的儿子，语重心长地跟他说："爸爸妈妈和家人总有一天会不在你身边，你不能连刷牙这样的小事都做不好。"

每次训斥，吴镇宇都会以"爸爸 loves you"结尾，而这样"恩威并施"的教育方法显然也相当有效。

孩子行为心理解读

吴镇宇与儿子的年龄差 47 岁，按道理应该宠爱有加，可是他却对儿子处处严格要求。很多观众认为，与赖着要"吃""姐姐"和轻声安慰杨阳洋的"吴妈"形象相比，吴镇宇对儿子 Feynman 实在是太过严厉。

但吴镇宇对此相当坚持："我必须让他知道什么是对错，怎么做才是一个好人，那他意识到自己错了：我就会安慰他，抱抱他，跟他说'爸爸 loves you'。"在节目中，吴镇宇放手让 Feynman 做所有的事情，培养他的独立生活技能。虽然吴镇宇偶尔会显得严厉，但这种恩威并施的教育方法获得了一致好评。

现在，有些家长要么太过温柔，使孩子成了小霸王；要么就是太暴力，使孩子成了胆小鬼。因此，家长在教育孩子的时候，要掌握好度，孩子做得好要表扬，如果做错了事，也要教育孩子，而不是宠溺、纵容。

儿童心理专家支招

吴镇宇的育儿方式可谓恩威并施，既让孩子大胆去闯，培养孩子的独立性和勇气，也有温情一面，让孩子知道父母是爱他的。这样的教育方法，不仅可以让孩子改掉自己的坏毛病，也会拉近亲子关系。

六、曹格　慈爸如水，温柔相待：耐心

　　曹格是《爸爸去哪儿2》中，唯一一位带着两个孩子参加节目的老爸，姐姐的"霸道"，Joe 的执拗，两个孩子有时也会有点小矛盾。而"奶爸"曹格总会用温柔的方式跟小朋友去说理。

　　一次，相亲相爱的 Joe 和 Grace 在执行任务时，因一把玩具剑起了冲突。Joe 一怒之下将 Grace 推倒在地，Grace 的大哭让宠爱蜂拥而至，而这让 Joe 深感委屈，也哭了起来，兄妹陷入冷战。曹格了解情况后便和两个孩子说自己感到"很失望"，他让兄妹俩手牵手，告诉两人对方的重要性——因为"相亲相爱"，所以要互相原谅。慈爸会留给孩子时间让他们自己沟通："给你们五分钟，好好谈一谈。"

孩子行为心理解读

　　一样的"危机"，不一样的表达，吴镇宇会选择恩威并施，曹格则会温情教导，耐心化解。其实，两种不同的教育方法并没有好坏之分，适合孩子的家庭教育就是最好的。

　　在一个家庭中，最了解孩子的还是父母。曹格了解自己的孩子，对于哥哥，他认为已经长大，更希望他可以独立、善解人意；对于妹妹，人格还在形成中，所以会给予更多关心。"大的让着小的"是他们家庭对于兄妹感情的期望。

　　从曹格一家人的互动中，我们可以看到他们关系很亲密，这样的感情基础才能发展出哥哥努力调整自己去迁就妹妹的行为。而且，当哥哥去照顾迁就妹妹时，他也会形成责任感和成就感。而孩子发生争执时，曹格也会从自身找问题"我觉得我是一个不好的爸爸"，他也努力让自己加入到孩子的互动中，通过游戏将"互亲互爱"的信念慢慢地植入给孩子。

儿童心理专家支招

　　家长对待孩子一定要有耐心，曹格的育儿法主要是告诉孩子，爱是支持生活的一种精神，无论是兄妹还是父子，都是你爱我，我爱你的。不管是否吵架或者不开心，但当孩子冷静下来时，都要给孩子传达，要相亲相爱，这才是一家人。

七、张亮　和天天是好哥们：沟通

　　张亮对天天的教育方式就是和孩子做朋友，这对父子相处起来就像兄弟一样，做事总是商量着来。当张亮不小心把水洒在天天身上时，他会说"对不起"。同样，做饭时天天好心做坏事，多放了盐，也会主动承认错误。张亮对孩子很有耐心，软硬兼施，疼爱却不溺爱孩子。他不会硬性要求孩子怎样做，而是启发孩子。

　　镜头一：天天赖在床上不愿意学唱歌。张亮对天天说："不论学不学好，你首先得把学习态度放端正了！"看天天依旧兴致缺乏，张亮提议道："我们去外面，一边给茄子浇水，一边唱歌好吗？"这引起了天天的兴趣，便欣然答应，和爸爸一起唱起跑调的《走在乡间的小路上》。

　　镜头二：睡觉之前，张亮与天天谈心。张亮让天天扮演村长，自己则扮演孩子。当天天喊"集合"的时候，张亮做出了两种表现，一种是懒散拖沓，另一种是积极自律，然后问天天喜欢哪种。天天回答说后一种。张亮说："对，你现在知道村长的感受了吧？别人讲话的时候你不要打断，因为打断别人说话是一种特别不礼貌的行为。"

孩子行为心理解读

在第一季的《爸爸去哪儿》中，张亮是五位爸爸中最年轻的一位，但他的沟通方式也是孩子们最喜欢的：和孩子是好哥们儿。他懂得用换位思考的方式，让天天学会为他人着想。当孩子不愿意去做某事的时候，他不是一味地强求孩子必须听自己的，而是用分散注意力的引导方式让孩子接受。

在节目中，这对父子的感情确实很好，在爸爸的成功教育下，天天获封"贴心小暖男"的称号。

要想和孩子成为好哥们儿，必须要和孩子沟通，站在孩子的角度上思考问题。但很多家长对于沟通问题存在一个误区，错误地认为只要家长说的话孩子听了，这就是沟通。但家长日复一日、单调枯燥的说教会让孩子感到厌烦，结果会事与愿违。

家长应该注意和孩子沟通的方式方法，学会设计问题，用问话的方式来和孩子沟通，尽量不要用陈述句，而要尽可能地让孩子说。这种问句的交流会引起孩子的兴趣，而父母的教育孩子也更容易接受。

儿童心理专家支招

父母与孩子沟通总是习惯语重心长，但说出的话又特别空洞，比如"你要好好学习"。家长的这种语言表达对孩子是无效的，也是无益的。因为家长的这些话缺乏可操作性，孩子根本不知道怎么办，还容易出现紧张焦虑的情绪。

因此，要通过鼓励的方式渐进式地与孩子沟通，启发孩子找到正确的做事方法。这样不仅能够调动孩子的积极性，而且能够使亲子关系更好。

读 者 意 见 反 馈 表

亲爱的读者：

感谢您对中国铁道出版社有限公司的支持，您的建议是我们不断改进工作的信息来源，您的需求是我们不断开拓创新的基础。为了更好地服务读者，出版更多的精品图书，希望您能在百忙之中抽出时间填写这份意见反馈表发给我们。随书纸制表格请在填好后剪下寄到：北京市西城区右安门西街8号中国铁道出版社有限公司大众出版中心 巨凤 收（邮编：100054）。此外，读者也可以直接通过电子邮件把意见反馈给我们，E-mail地址是：herozyda@foxmail.com。我们将选出意见中肯的热心读者，赠送本社的其他图书作为奖励。同时，我们将充分考虑您的意见和建议，并尽可能地给您满意的答复。谢谢！

- -

所购书名：_____

个人资料：

姓名：_____ 性别：_____ 年龄：_____ 文化程度：_____

职业：_____ 电话：_____ E-mail：_____

通信地址：_____ 邮编：_____

- -

您是如何得知本书的：

□书店宣传 □网络宣传 □展会促销 □出版社图书目录 □老师指定 □杂志、报纸等的介绍 □别人推荐
□其他（请指明）

您从何处得到本书的：

□书店 □邮购 □商场、超市等卖场 □图书销售的网站 □培训学校 □其他

影响您购买本书的因素（可多选）：

□内容实用 □价格合理 □装帧设计精美 □带多媒体教学光盘 □优惠促销 □书评广告 □出版社知名度
□作者名气 □工作、生活和学习的需要 □其他

您对本书封面设计的满意程度：

□很满意 □比较满意 □一般 □不满意 □改进建议

您对本书的总体满意程度：

从文字的角度 □很满意 □比较满意 □一般 □不满意
从技术的角度 □很满意 □比较满意 □一般 □不满意

您希望书中图的比例是多少：

□少量的图片辅以大量的文字 □图文比例相当 □大量的图片辅以少量的文字

您希望本书的定价是多少：

本书最令您满意的是：

1.

2.

您在使用本书时遇到哪些困难：

1.

2.

您希望本书在哪些方面进行改进：

1.

2.

您需要购买哪些方面的图书？对我社现有图书有什么好的建议？

您更喜欢阅读哪些类型和层次的经管类书籍（可多选）？

□入门类 □精通类 □综合类 □问答类 □图解类 □查询手册类 □实例教程类

您在学习计算机的过程中有什么困难？

您的其他要求：